KB057631

인생을
리셋하는 시간,
마흔

인생을 리셋하는 시간, 마흔 40

오쓰카 히사시 지음 ─ 전지혜 옮김

시그마북스
Sigma Books

인생을 리셋하는 시간, 마흔

발행일 2021년 5월 10일 초판 1쇄 발행
지은이 오쓰카 히사시
옮긴이 전지혜
발행인 강학경
발행처 시그마북스
마케팅 정제용
에디터 장민정, 최윤정, 최연정
디자인 강경희, 김문배

등록번호 제10-965호
주소 서울특별시 영등포구 양평로 22길 21 선유도코오롱디지털타워 A402호
전자우편 sigmabooks@spress.co.kr
홈페이지 http://www.sigmabooks.co.kr
전화 (02) 2062-5288~9
팩시밀리 (02) 323-4197
ISBN 979-11-91307-29-0 (03190)

파본은 구매하신 서점에서 교환해드립니다.

* **시그마북스**는 ㈜**시그마프레스**의 자매회사로 일반 단행본 전문 출판사입니다.

⊘ 40대를 후회하는 사람이 너무 많다

많은 사람이 입을 모아 "40대는 매우 바쁘긴 하지만, 하고 싶은 일을 할 수 있는 황금기"라고 평가하고는 한다.

20~30대에는 하고 싶은 일이 있어도 상사나 조직의 벽에 가로막혀 뜻대로 일을 진행할 수 없는 경우가 많다. 특히 조직이 클수록 그런 경향이 뚜렷하게 나타난다.

하지만 40대가 되면 어느 정도 지위나 위치를 얻게 되는 경우가 많다. 게다가 20여 년간 쌓아온 지식과 경험이 자신을 뒷받침해주게 되니, 그야말로 하고 싶은 일을 실현할 수 있는 적기인 셈이다.

그런데도 50~60대가 된 사람들에게 이야기를 들어보면 남녀 불문하고 "40대에 하고 싶은 일을 하지 못했다"며 후회하는 사람이 매우 많다.

그중에서도 특히 많이 들었던 말은 "눈앞에 있는 일을 처리하느라 급급하다 보니 어느새 40대가 끝나 있었고 아무것도 이룬 것이 없다는 사실을 깨달았다"는 후회의 말이다.

40대는 직장에서는 관리자와 직원으로서의 일을 동시에 해야 하며, 사적으로도 챙겨야 할 일이 많은 시기이기도 하다. 40대의 또 다른 특징이 바로 이 '바쁨'인 셈이다.

그래서 바쁨에 쫓기느라 하고 싶은 일은 어느새 잊고, 그저 눈앞에 있는 일을 처리하느라 하루하루를 보내게 된다. 한편 개인적인 시간도 소중히 보내고 싶지만, 결국 어중간하게 흘려보내게 된다. 40대를 보낸 많은 사람이 이런 후회를 하는 셈이다.

☑ 노력할수록 진흙탕에 빠지는 40대의 함정

결국 '최선을 다해 일할수록 40대를 후회한다'는 뜻인데, 생각할수록 이것만큼 억울한 일이 또 있을까?

그렇다면 도대체 무엇이 문제일까?

한마디로 정리하자면, 노력하는 방법과 시간을 사용하는 방법이 잘못되었기 때문이다.

나는 지금까지 3만 명이 넘는 직장인을 만나왔고, 그중에서 1만 명에게 성공담과 실패담, 인생을 풍요롭게 하기 위한 조언 등을 들었다. 그들은 대기업 사장이나 간부부터 크고 작은 회사의 중간 관리직, 그리고 개인으로 활약하는 사람까지 다양했다. 그중에는 누구나 부러워할 만한 대성공을 거둔 사람도 있었고, 순풍에 돛을 단 듯이 순조로웠던 인생이 한순간에 악화된 사람도 있었다.

나는 그런 성공담과 실패담을 들으면서 깨달았다. **일이나 인생에는 노력을 기울이고 시간을 사용하는 올바른 방법이 따로 있으며, 거기서 벗어나면 아무리 노력해도 성과를 거둘 수 없다**는 점이다.

더구나 40대에는 20~30대와는 다른 '노력하는 방법'과 '시간을 사용하는 방법'이 필요하다. 그 사실을 깨닫지 못하면 노력할수록 상황이 악화하는 악순환에 빠지게 된다.

즉, 막무가내로 노력만 하면 안 된다는 뜻이다. 후회하지 않고 40대를 보내려면 무엇을 해야 하는지 요점을 확실히 파악하고, 꼭 해나가겠다는 마음가짐을 갖춰야 한다.

☑ 40대를 인생을 바꾸는 기회로 삼자

많은 사람에게 성공담이나 실패담을 들은 내가 필생의 사업이라고 할 수 있는 지금의 활동을 시작한 것은 20대 때였다. 당시에는 인생이나 일에 대해 고민이 많았다. 졸업하자마자 회사에 들어갔지만 어떻게 해야 성과를 낼 수 있는지 모르는 상태였는데, 마침 신규 개척 영업이라는 일을 맡은 덕분에 여러 사람을 만나고 다양한 이야기를 들을 수 있었다.

그때 들은 이야기가 큰 도움이 되어서 나는 훗날 최고의 영업사원이라는 지위를 얻을 수 있었다. 또 회사에서 독립한 후 지금의 활동을 해나갈 때도 지침이 되어주었다.

하지만 그 교훈이 가장 빛을 발했던 순간은 40대가 된 이후였다. 앞서 언급했듯이 40대를 후회하는 사람을 많이 만났고, 그들에게서 '후회하지 않으려면 이렇게 하면 좋다'는 조언을 수없이 들었다. 그리고 그 조언을 실천함으로써 매우 충실한 40대를 보낼 수 있었다.

이 책을 쓴 이유는 이 기회를 통해 많은 사람에게 내가 실천한 방법을 소개하고 싶었기 때문이다.

마지막으로 잊지 말아야 할 40대의 중요한 특징이 하나 더 있다. 그것은 바로 **'40대는 인생 역전이 충분히 가능한 시기'**라는 점이다. 지금까지의 평가를 뒤엎을 수 있을 뿐만 아니라, 최근에는 40대에 이직이나 창업을 하기가 전보다 훨씬 쉬워졌다.

다시 말해 이 기회를 놓치게 된다면 평생 후회할 수도 있다는 뜻이다.

모든 방법을 실천할 필요는 없다. 이 책에서 마음에 와닿는 부분이 하나라도 있다면 바로 시작해보자. 그것만으로도 충분히 효과를 실감할 수 있을 것이다.

　전 세계를 덮친 코로나라는 재앙은 우리가 일하는 방식을 크게 바꿔놓았다. 많은 사람이 미래에 대해 커다란 불안감을 안고 있겠지만, 한편으로는 지금까지 일해온 방식이나 시간을 사용하는 방법을 고칠 기회이기도 하다.

　이 책이 꼭 도움이 되기를 바란다.

신종 코로나바이러스 때문에 재택근무 중인

오쓰카 히사시

차례

제 3 장   40대의 조직 관리

제 4 장   40대의 사생활 관리

제 5 장　　40대의 시간 관리

제 6 장　　40대의 인맥 관리

제 7 장　40대의 공부법

나는 괜찮은가?
-40대에 후회할 가능성 체크하기

☐ 매일 바쁘다. 하지만 매일 바쁘게 일하는 내가 싫지 않다.

☐ 일은 현장을 최우선해야 하며, 내가 직접 처리하는 것이 중요하다.

☐ 일을 맡겨야 한다는 것을 알지만, 나도 모르게 직접 처리하게 된다.

☐ 평일에는 항상 야근을 하지만, 주말에는 가족과 함께 보낸다.

☐ 출세하고 싶은 생각은 있지만, 크게 신경 쓰지 않으려고 한다.

☐ 요즘 젊은이들은 간섭을 싫어하니 되도록 거리를 두고 있다.

☐ 졸업하자마자 입사해서 계속 같은 회사에 다니고 있다.

☐ 취미 시간이 전혀 없지만, 정년 후에 하면 된다고 생각한다.

※ 5개 이상 체크한 사람은 후회하는 40대를 보낼 가능성이 높으니
지금 당장 생각을 바꾸자.

제 1 장

40대의
경력 관리

01 | 40대가 겪는 막연한 불안함의 정체를 밝힌다

40대가 되면 누구나 원인을 알 수 없는 막연한 불안함을 느낀다. 하지만 이를 내버려 두면 안 된다. 우선 이 불안함의 정체를 밝혀보자.

✓ 막연한 불안함의 정체는 무엇일까?

'요즘 일도 잘 풀리고 생활에도 큰 문제가 없지만, 항상 막연한 불안함이 느껴진다'며 고민하는 40대가 많을 것이다. 사람마다 불안함의 차이는 있겠지만, 자신의 미래에 대해 불안함을 전혀 느끼지 않는다고 단언할 수 있는 사람은 극히 드물다.

이 불안함의 정체는 무엇인가? 물론 불안함을 느끼는 요인은 다양할 것이다. 하지만 그중에서도 '**나의 일과 직장이 앞으로도 계속**

안정적일까?'라는 미래에 대한 불안함이 바탕을 이루고 있지는 않은가?

현재 일본의 40대는 취직을 할 무렵에 일본장기신용은행, 일본채권신용은행 같은 정부 금융 기관이나 야마이치증권 같은 명문 기업이 줄줄이 도산한 일을 기억하고 있을 것이다. 그 이후에도 유명 기업과 대기업의 도산과 흡수 합병이 이어져 어떤 기업에 들어갔든 무슨 일이 닥칠지 알 수 없다는 불안함을 몸소 느꼈을 것이다.

더불어 IT나 AI의 발달로 당신의 일이 없어질 수도 있다는 뉴스나 기사가 연일 쏟아졌으니 항상 위협을 받고 있는 느낌이었을 것이다.

이런 불확실함에 대한 방어 본능이 곧 '막연한 불안함'의 핵심이 되는 셈이다.

☑ 5가지 관점으로 불안함을 분석한다

이런 상황에서 더 고민해보지 않고 '어떻게든 되겠지'라는 막연한 생각으로 시간을 흘려보내면 평생 후회할 수도 있다.

그렇기 때문에 40대에 꼭 해야 할 것이 있다. 바로 **소속 기업(조직)과 자신의 장래성을 객관적으로 평가하고 예측하는 것**이다.

자신이 타고 있는 배가 빙산이나 고래와 충돌하더라도 금이

가지 않을 정도로 단단하고 큰 배인지, 비바람이 불 때마다 위험을 느끼는 작은 배인지, 아니면 아무것도 하지 않아도 침몰할 배인지 확인해야 한다. 그 사실을 알면 적어도 '불안함의 정체'를 이해하고 무엇을 해야 좋을지가 보일 것이다.

여기에서 내가 직무 연수를 할 때면 항상 사용하는 표를 소개하고자 한다. 5가지 항목을 각각 5점 만점 기준으로 평가해두었다. 이때 큰 단위에서 작은 단위로 평가하는 것이 핵심이다. 즉 ① 자사의 업계, ② 자사, ③ 자기 부서, ④ 직속 상사, ⑤ 자기에 대한 평가를 순서대로 하는 것이다(이 책의 끝에 해당 양식이 첨부되어 있다).

① 자사의 업계 평가

우선 자사의 업계에 대한 평가를 한다. 최고조의 성장기인지, 안정적인 성숙기인지, 점점 악화하는 쇠퇴기인지를 평가한다. 단기간이 아니라 중장기적인 관점에서 파악해야 한다.

같은 업계라도 차이가 있을 수 있다. 예를 들어 의류 업계에서는 한때 잘나가던 백화점 브랜드가 쇠퇴하고 있을 때, SPA(제조소매업) 브랜드는 견실히 성장해나갔으며, 인터넷 쇼핑몰은 현재 실적이 크게 상승하고 있다.

② 자사 평가

업계에서 어느 정도 위치에 있는지(업계 상위 2~3위 그룹, 상위 10위, 그 이하 등) 규모에 대한 평가뿐만 아니라 경영은 순조로운지, 점차 성장하고 있는지, 명확한 강점은 있는지, 하고자 하는 업무를 할 수 있는지, 밝은 미래가 예상되는지 등 다양한 기준으로 평가해보자.

③ 자기 부서 평가

자신이 소속된 부서가 회사에서 주류인지 비주류인지, 실적은 어떤지, 장래성은 어떤지 등의 관점으로 분석해보자.

실적 연동제를 따르는 기업에서는 부서별로 보너스가 2배 이상 차이 나는 사례도 드물지 않다. 자기 부서가 불리하지는 않은지 평가해둬야 한다.

④ 직속 상사 평가

직장인은 어떤 상사를 만나느냐에 따라 회사에서 입지가 달라지는 경우가 많다. 현재의 상사를 신용할 수 있는지, 사내에서의 장래성 등을 냉정히 판단해보자.

어떻게 보더라도 이런 상사 밑에서는 출세할 수 없겠다 싶은 상황이라면 어떻게 해야 할까? 대기업이라면 부서 이동 가능성

나의 현 상황 분석

■ 평가 기준(5단계)　　5: 매우 양호　4: 양호　3: 어디에도 속하지 않음　2: 문제 있음　1: 매우 문제 있음

항목	평가	코멘트
① 자사의 업계 평가	3	■ 최근 5년간의 업계 현황 등 • 저출산 영향으로 시장 전체가 축소 경향을 보이지만 서비스업 등에 일손 부족 현상이 일어남 • 신종 코로나바이러스의 직격탄을 받아 향후가 매우 불안함 • IT 분야의 혁신도 위협으로 느껴짐
② 자사 평가	2.5	■ 업계 내 순위, 경영 상태, 성장, 경쟁 우위성 등 • 종합적으로 상위 10위 중 하위에 속하며 특정 범주에서는 2, 3위 경쟁 • 종합 및 특정 범주에서 모두 압도적인 선두가 있음 • 시장 선도주뿐만 아니라 범주 내에서도 상위권에 들지 못함 • 자사에 새로운 비즈니스를 창출할 수 있는 인재가 없음 • 20대의 이직률이 매우 높고 우수한 인재를 채용하지 못함
③ 자기 부서 평가	2	■ 사내 서열, 실적, 장래성 • 간접 부서라 사내의 지위는 낮고 담당 이사도 없음 • 사내 서열이 주류에 속하지 않음 • 인사권, 예산권 모두 상대적으로 약함
④ 직속 상사 평가	3	■ 사내에서 실권, 장래성, 자신과의 관계성 등 • 기본적으로 머리가 좋은 조직인이며 정보도 많고 꾸준히 업데이트함 • 실무 능력은 좋지만 우유부단함. 일을 부하에게 맡기지 않고 직접 하려 함 • 사내의 상황상 더 이상 승진하지 못할 거 같음 • 집행 간부면서도 실무를 직접 처리하며 우월감을 느끼려고 해서 함께 일하기 힘듦 ➡ 본래의 집행 간부 역할에 책임을 다하면 좋겠음
⑤ 자기 평가	4	■ 자신의 능력과 기술에 관한 자기 평가 • 3년 전 같은 업계의 최대 대기업에서 이직해온 덕분에 원하는 업무를 맡고 있으며 사내 평가도 좋아 일단 만족 중 • 이전 직장에서 익힌 기술로 실무를 손쉽게 해결하고 있으며 오히려 난도가 높은 일을 원하는 상태 • 상사 중에서 롤모델로 삼을 만한 존재가 없어서 자기 성장에 위기를 느낌

이라도 있지만, 작은 회사라 인원이 고정적이거나 가족 기업으로 임원이 바뀔 가능성이 없다면 이직이라는 선택지도 고려해 보아야 한다.

⑤ 자기 평가

마지막으로 ①~④를 바탕으로 자신을 평가해본다. 자신의 능력이나 기술은 어느 정도 되는지, 회사 밖에서도 통용될 만한 수준인지, 사내에서도 충분한 경쟁력을 갖추고 있는지 등을 평가한다.

그리고 자기 평가를 바탕으로 현재의 회사나 조직, 상사 밑에 있을 때 밝은 미래가 예상되는지 검토해본다.

마지막으로 앞에서 적은 표의 내용을 한번 살펴보자. 그리고 자신이 느끼는 '불안함의 정체'를 찾아보자.

어떤 사람은 자신의 능력이 충분하지 않은 것에 대한 불안함을 갖고 있을지도 모른다. 반대로 '현재의 회사에서는 자신이 하고 싶은 일을 할 수 없다'거나 '업계의 장래가 밝지 않다'는 이유로 불안함을 느끼고 있을 수도 있다.

물론 사람마다 느끼는 불안함은 다르겠지만, 적어도 **'막연한 불안함의 정체'를 파악하면 어떻게 그것을 해소할 수 있는지도 보인다.** 그 사실만으로도 눈앞에 뿌옇게 낀 안개가 순식간에 사라지는 기분을 느낄 수 있을 것이다.

Point
불안함의 정체를 파악해야 그에 맞는 노력을 할 수 있다. 이것이 후회하지 않는 40대를 보내기 위한 첫걸음이 될 것이다.

02 회사의 평가보다
스스로의 평가를 신경 쓴다

자신에 대한 회사의 평가는 신경 쓰고 싶지 않아도 신경이 쓰인다. 하지만 거기에 얽매이다 보면 결국 회사에서 쓰기 편한 사람이 될 우려가 있다.

☑ 애초에 '정당한 평가는 없다'고 생각한다

지금까지 1만 명이 넘는 직장인의 이야기를 들어본 결과, 세 손가락 안에 드는 고민이 '회사에서 정당한 평가를 받지 못하고 있다'는 점이라는 것을 알 수 있었다.

이런 고민에 대해 '회사나 상사가 원하는 것이 무엇인지 파악하고 그 기대에 끊임없이 부응해야 한다'는 조언을 종종 들을 수 있는데, 그렇게 단순한 문제가 아니다.

오히려 40대나 되었는데 '회사나 상사의 기대에 부응하겠다'고 생각하면 자신만 손해를 볼 수 있다.

애초에 업무 평가는 수치로만 측정할 수 있는 것이 아니다. 예를 들어 영업 부서의 일은 담당 지역이 대기업이 많은 도심인지, 인구가 적은 지방인지에 따라 영업 효율에 큰 차이가 생긴다. 또는 같은 5억 원의 매출이라도 대기업 하나를 담당하는 사람과 중소기업 수백 개를 담당하는 사람은 효율도 난이도도 크게 다를 것이다.

나는 차라리 '회사가 나를 정당하게 평가해주는 일은 없다'고 생각해야 한다고 말하고 싶다.

어쨌든 '어떻게 하면 정당하게 평가할 수 있을지' 고민해야 할 사람은 인사 담당자나 관리직이다. 목표관리제도(MBO), 성과주의, 등급제, 계약 지향적 평가 제도 등 다양한 인사 평가 시스템이 생기고 사라지는 이유는 정당한 평가가 어렵다는 사실을 나타낸다.

한때 어떤 인사 전문가가 "가장 뛰어난 인사 평가는 모두에게 동등하며 약간의 불만이 생기는 방식이다"라고 말한 적이 있는데, 나는 이 이야기가 어떤 면에서 진실이라고 생각한다.

☑ 인사고과에 중요한 헤일로 효과

40대가 되면 '회사가 나를 어떻게 평가하는지'가 아니라 **자신이 어떻게 평가받고 싶은지**에 주의를 기울여야 한다. 다시 말해 자신이 어떤 분야에 강한 인재로 평가받고 싶은지에 따라 스스로를 브랜드화해야 한다는 뜻이다. 즉, 자신을 나타내는 라벨 붙이기라고 생각하면 된다.

예를 들면 본부와의 조정은 A씨, 영어 교섭은 B씨, 프레젠테이션은 C씨처럼 어떤 일의 담당자로 자신을 각인시키는 것이다.

'헤일로(후광) 효과'라는 말을 들어본 적 있을 것이다. 뛰어난 점이 하나라도 있으면 그 영향으로 다른 점까지 높은 평가를 받는다는 뜻으로, 인사고과자 연수에서 항상 강조되는 부분이다. 다시 말해 헤일로 효과가 그만큼 강력하다는 뜻이다. 특징이 없는 사람일수록 특징이 있는 사람의 헤일로 효과에 희생양이 되고 만다.

그에 대항하려면 당신에게도 헤일로 효과를 불러일으킬 정도로 '어느 분야에 강하다'는 비장의 수가 필요하다.

☑ 쓸데없는 일에서 벗어난다

'자신이 어떻게 평가받고 싶은지' 신경 쓰지 않고 '회사나 상사가 원하는 성과를 내는 일'에 주력하면 어떤 일이 벌어질까? 잘

하는 일이 아니라 쓸데없는 일을 떠맡게 될 가능성이 크다. 이를테면 심부름센터가 되는 셈이다. 잘하지도 못하는 일을 아무리 열심히 처리해봤자 심부름센터로서의 평가만 좋아질 뿐 전체 평가로는 이어지지 않는다.

성공하는 40대는 쓸데없는 일을 하지 않고 자신의 평가로 이어질 수 있는 일만 한다. 이것이 핵심이다.

그러려면 우선 사소한 일이라도 좋으니 '○○씨는 ××를 잘한다'는 이미지부터 만들어보자. 그리고 이루어낸 성과를 다른 사람에게 확실히 알리는 버릇도 들이자. 우선 '이런 분야는 비교적 강하다'거나 '비교적 할 수 있다'는 이미지만 만들면 된다. 예를 들면 '이 문제가 발생했을 때 해결하려면 D씨'라고 떠올릴 수 있는 정도만 되어도 충분히 강점이 될 수 있다.

그러면 다음부터는 자신이 잘하는 일만 맡게 될 것이다. 그렇게 실적을 쌓아가면 사내의 전문가로서 자리매김할 수 있을 뿐만 아니라 나중에 이직하더라도 자신의 강점으로 어필할 수 있다.

Point

회사에서 평가받는 일이 아니라, 자신의 평가가 좋아지는 일을 하자.

03 | 자신의 시장 가치를 파악한다

회사나 업무에 대한 불만 때문에 이직을 고민해보지 않은 사람은 아마 없을 것이다. 하지만 40대가 되면 이직은 무리라는 생각이 드는가?

✅ '35세가 이직의 한계선'이라는 말은 옛말이다

일본의 40대는 흔히 '빈곤 세대'라고 불린다. 인구가 많아서 입시 경쟁률이 높았고, 그 결과 원하는 대학이나 진로로 가지 못해 눈물을 삼켰던 사람도 많다. 게다가 취직 활동을 할 무렵에는 버블 붕괴를 겪었다. 어떤 기업이든 들어가기라도 한 사람은 그나마 다행이었을 정도로, 지금까지 사회 문제로 대두되는 비정규직이 대량으로 생겨났던 희생자 세대다.

유쾌하지 않은 이야기는 이쯤 해두고, 이제부터는 희망적인 이야기를 해보려고 한다.

버블 붕괴 당시 기업들은 채용을 억제했고, 그 결과 많은 기업에서 해당 세대를 거의 찾아볼 수 없는 지경이 됐다. 그래서 현재 이직 시장에서는 전례가 없을 정도로 40대를 많이 채용하고 있다. **'35세가 이직의 한계선'이라는 말은 옛말이 된 셈이다.**

최근 기업의 연령 구성을 살펴보면, 연령이 높을수록 인원수가 늘어나는 역피라미드형이 많지만, 실제로는 40대 부분이 급격히 줄어드는 와인잔형도 많다. 즉, 어느 기업이든 해당 세대가 부족해서 중도 채용으로 보충할 수밖에 없는 상황이다.

☑ 헤드헌팅 회사를 활용한다

이런 상황을 전제로 추천하고 싶은 방법이 있다. **'진지하게 이직 활동을 해보라'**는 것이다. 현재의 회사에 불만이 있는지, 정말 이직하고 싶은지와는 별개로 진지하게 이직을 고려해보고 실제로 행동을 해보는 것이다. 그러면 자신의 진정한 시장 가치가 보이기 때문이다.

우선 이직 사이트에 등록하여 자신의 연령, 경력, 업종에 맞는 곳에서는 어떤 구인이 올라와 있는지 확인해보자. 이직 시장에서는 연봉 1억 2,000만 원의 가치가 있는데 현재 회사에서는

6,500만 원을 받는 사람이 있는가 하면, 반대로 이직 시장에서는 연봉 5,000만 원 정도인데 1억 원에 가까운 연봉을 받는 사람도 있을 수 있다.

대규모 조직의 경영 경험자, 의사소통 능력이 있는 기술자, 영어가 가능한 기술자, 특정 국가와의 해외 사업에 정통한 사람, IT 업계의 프로젝트 매니저, 시스템 감사 전문직 등은 이직 시장에서 놀라울 정도로 높은 평가를 받는다.

한 단계 더 나아가서 실제로 헤드헌팅 회사를 찾아가 담당자와 이야기해보는 것도 좋은 방법이다. 헤드헌팅 회사는 규모가 큰 곳, 경영층에 특화된 곳, 특정 업계에 특화된 곳 등 여러 곳을 방문하는 것이 중요하다.

이 과정에서 정말 하고 싶은 일을 찾을 수도 있다. 내 지인 중에도 40대에 이직하여 크게 성공한 사람이 많다.

✅ 자신의 시장 가치를 올릴 수 있는 방법을 찾는다

이직 활동을 할 때 가장 중요한 점은 철저하게 '자신의 시장 가치를 파악해야 한다'는 것이다. 그러면 자신이 어떤 경력을 쌓으면 좋을지 보인다. 이직 여부와 관계없이 자신의 가치가 높으면 자신감이 생길 것이며, 가치가 낮으면 높이려고 노력하면 된다.

이때 '어떤 조건을 갖추면 시장 가치를 올릴 수 있을지'를 아는 것이 중요하다. 만약 영어 능력이 필요하다면 영어를 공부하면 되고, 프로젝트를 이끈 경험이 필요하다면 직접 프로젝트를 이끌어보면 된다.

반대로 말하면, 40대가 되면 **자신의 시장 가치 향상으로 이어지지 않는 일은 되도록 피해야 한다.** 즉, 한정된 시간에 자신의 시장 가치를 높이는 업무만 해야 한다는 것이다.

마지막으로 한 가지 더 이야기하고 싶다. 실제 이직 활동 중에는 처음에 알아본 시장 가치보다 훨씬 좋은 조건으로 이직하는 경우가 의외로 많다. 시장 가치란 결국 수요와 공급으로 결정되기 때문이다. 그러니 생각보다 내 가치가 낮다고 해도 너무 비관하지 말자.

당연한 이야기지만 너무 대놓고 이직 활동을 하면 경계 대상이 될 수 있으니 그 점만 유의하기 바란다.

Point

'나는 어느 정도의 연봉으로 이직할 수 있는지' 알아보고 앞으로 어떤 업무를 할 것인지 정한다.

04 | 자신을 특수한 존재로 만든다

40대가 되면 누구나 특기나 강점을 한두 가지는 갖게 된다. 하지만 그것이 다른 사람과 차별화할 수 있는 특수한 분야인가?

✓ 자신이 최고인 분야를 만든다

40대가 되면 반드시 해야 할 일 중 하나는 필승의 승부처를 만드는 것이다. 어떤 일이든 성과를 낼 수 있다면 좋겠지만, 자신의 특기 분야가 아닌 경우에는 효율이 떨어질 수밖에 없다. '회사에서 이것만큼은 내가 최고다'라는 분야를 만들어서 그 일만 하면 빠르게 성과를 올릴 수 있다.

이 방법은 컨설턴트 세계의 발상과 같다. 예를 들어 내게 필승의 승부처는 법인 영업 분야의 신규 개척 영업이다.

단순히 경영 컨설턴트라면 평판이 자자한 저명인사나 맥킨지 앤드컴퍼니, 보스턴컨설팅그룹 같은 세계적인 회사를 결코 이길 수 없다. 하지만 법인 영업 전문이라면 승부처의 범위가 상당히 좁아진다. 게다가 신규 개척 분야라면 범위는 더욱더 좁아진다. 그리고 그 승부처라면 지금까지 수없이 신규 영업에 뛰어들었던 경험이 있으니 저명한 컨설팅 기업에도 쉽게 지지 않을 자신이 있다. 필승의 승부처를 직접 만들어서 경쟁한다는 뜻은 이런 의미다.

조직에서 일할 때도 자신의 승부처를 갖고 있는 사람은 압도적으로 강할 수밖에 없다. 예를 들면 지인 중에 형편없는 영업 사원의 능력을 향상시키는 데 뛰어난 영업 관리직이 있다. 그의 팀 영업 실적은 평균 수준이지만, 그는 이런 강점을 바탕으로 사내에서 매우 높은 평가를 받고 있다.

한편 관리직이 되기를 거부하고 3D 캐드(도면 작성 프로그램-옮긴이)로 프린트 설계에 관해 누구에게도 지지 않을 기술을 연마한 40대 엔지니어도 있다. 이 사람 또한 회사에 없어서는 안 될 인물로 평가받는다.

☑ 독자적인 강점들을 조합하여 다른 사람과 차별화한다

필승의 승부처를 만들 때 중요한 점은 자신의 어떤 점을 승부처로 삼을 것인가.

40대가 되면 당신의 강점은 이미 확립되어 있을 수도 있다. 하지만 그 강점이 다른 사람도 가지고 있는 것이라면 큰 빛을 발할 수 없다. 마케팅에서 말하는 레드오션이 아니라 아무도 없는 블루오션을 노려야 한다.

도신 하이스쿨(일본의 유명 대학 입시 학원-옮긴이)의 하야시 오사무 선생님은 학창 시절부터 수학을 잘해서 처음에는 수학 강사가 되었다고 한다. 하지만 당시 도신 하이스쿨에는 이미 거물급 수학 강사가 많았기 때문에 자신이 최고가 될 수 있을 만한 과목을 고려하여 현대 문학을 선택했다고 한다.

이것이 바로 블루오션 전략이다. 자신의 회사에서 그 누구도 하지 않으며 독자적인 분야는 무엇인지 꼭 찾아보기를 바란다.

이때 가장 손쉬운 방법은 여러 가지 강점을 하나로 합치는 것이다.

하나만으로는 독자적인 강점이 될 수 없지만, 두세 가지를 합치면 그 누구도 따라 할 수 없는 강점이 될 수 있다. 노래도 춤도 압도적이지 않지만, 노래를 부르면서 춤추는 것이 가능하면 아이돌이 될 수 있는 것과 같다(요즘 아이돌은 더 이상 한두 가지 특기나 개성만으로 살아남을 수 없는 시대가 되었지만 말이다). 나의 법인 영업 분야의 신규 개척 영업도 바로 이렇게 해서 탄생한 강점이다.

또 의외의 조합이 강점이 되기도 한다. 지인 중에 고객과 교섭이 가능한 기술자가 있다. 기술자는 내향적인 성향이 많으므로 이 사람은 현장에서 매우 귀한 대접을 받는다고 한다.

어떻게 하면 자신이 특수한 존재가 될 수 있을지 생각해보자. 자신의 직종과 가장 동떨어지는 이미지는 무엇인지 생각해보면 힌트가 될 수 있다. 싹싹한 경리과 남성 사원, 세무사 자격증이 있는 영업 사원, 국제적 감각을 갖춘 소믈리에 등 가능성은 다양하다.

아무리 생각해도 필승의 승부처가 떠오르지 않는다면 신뢰할 수 있는 예전 상사나 선배, 동료, 지인에게 물어보자. 자신의 강점은 의외로 자신에게는 보이지 않는 경우가 많다. 객관적인 조언을 들으면 자신의 승부처가 명확해지기도 한다.

Point

자신을 특수한 존재로 만들 수 있는 방법을 진지하게 생각해보자.

05 | 남은 인생에서 꼭 해야 할 3가지를 정한다

40대가 되면 부쩍 시간이 빠르게 흘러간다는 느낌이 든다. 그래서 남은 비즈니스 인생에서 무엇을 해야 할지 초조함을 느끼게 된다.

☑ 나이를 먹으면 왜 시간이 흐르는 속도가 빨라질까?

40대는 인생의 반환점인 동시에 비즈니스 인생의 반환점이기도 하다. 사회인이 된 이후부터 오늘날에 이르기까지 순식간에 지나쳐 왔다고 느끼지 않는가? 하지만 **앞으로 남은 후반전은 전반전과는 비교도 할 수 없을 만큼 급속도로 진행될 것이다.** 멍하니 있다가는 아무것도 하지 못한 채로 시간만 흘려보내게 될 것이다.

나이가 들수록 시간이 흐르는 속도가 빨라진다고 느끼는 이유는 지금까지 살아온 인생의 길이에 반비례하기 때문이라고 한다. 6세일 때의 1년은 인생의 6분의 1이지만, 40세일 때의 1년은 40분의 1, 70세일 때의 1년은 70분의 1이니 나이가 들수록 짧게 느껴질 수밖에 없는 것이다.

따라서 40대가 되면 남은 인생에서 무엇을 할지 추려서 시간을 허투루 보내지 않도록 해야 한다.

리크루트홀딩스의 대선배이자 현재 교육 분야에서 종사하고 있는 후지하라 가즈히로 씨에게 배운 방법을 이 책에서 소개하고자 한다. 앞으로 **인생에서 당신이 손에 넣어야 할 것, 달성해야 할 것, 무엇을 소중히 여기며 살아가야 하는지 3가지만 꼽아 그것을 원그래프로 만들어보자.**

물론 손에 넣어야 할 것, 달성해야 할 것, 무엇을 소중히 여기며 살아가야 하는지 생각하다 보면 3가지보다 훨씬 많을 것이다. 우선 예전에 세웠던 목표 즉, 무엇을 하고 싶어서 이 회사에 들어왔는지 원점으로 돌아가 생각해보고 자신이 익힌 기술이나 지식을 사용하여 무엇을 할 수 있는지, 무엇을 해야 자기 실현으로 이어질 수 있는지 등을 자유롭게 생각나는 대로 목록을 만들어보자.

이때 추상적인 생각만 떠오른다면 '손에 넣어야 할 것'을 먼저 생각해봄으로써 쉽게 구체화할 수 있다.

☑ 인생의 우선순위를 원그래프로 그린다

손에 넣어야 할 것, 달성해야 할 것, 무엇을 소중히 여기며 살아가야 하는지 생각나는 대로 꼽은 뒤에는 3가지 항목으로 추린다. 이 과정이 매우 중요하다. 이 과정이 곧 **인생의 우선순위**이기 때문이다.

항목을 추려내는 방법은 자유지만, 다음과 같이 별이나 숫자로 평가하면 쉽게 분류할 수 있다.

★★★   반드시 남겨야 할 것

★★   남기고 싶은 것

★   때에 따라 삭제 가능한 것

마지막으로 추려낸 3가지 항목에 100점을 분배하여 중요도를 매긴다. 그리고 그것을 원그래프로 그린다. 이 **원그래프가 곧 당신이 40대 이후에 시간을 써야 할 기준이 된다.**

내가 40대에 원그래프에 그린 항목은 '자유, 돈, 세상에 증명하기', 이렇게 3가지였다. 자유의 중요도가 절반 이상이었고, 다음이 돈, 그다음이 세상에 증명하기 순이었다. 이 원그래프를 항상 눈에 띄는 곳에 붙여두고 연말처럼 시간 여유가 있을 때마다 수정하거나 필요에 따라 미세한 부분을 수정했다.

인생의 우선순위를 원그래프로 그린다

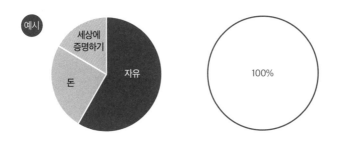

그 결과, 나는 회사에서 독립하여 좋아하는 일을 선택하고 일하는 자유를 손에 넣었고, 수입(돈)도 늘어났다. 또한 세상에 증명하기 위해 나의 이야기를 전할 수 있는 책도 낼 수 있었다.

이처럼 원그래프의 위력은 상상 이상이니 꼭 시도해보기를 바란다.

Point

남은 인생에서 꼭 해야 할 것을 3가지로 추린 뒤 항상 눈에 띄는 곳에 붙이자.

06 두 번째 명함을 준비한다

> 50세가 가까워지면 임원 정년이나 파견 근무를 강요받는다. 그런데도 회
> 사를 위해 노력하는 것만이 정답일까? 이제부터 준비할 것은 무엇인가?

✓ 회사밖에 모르는 인생은 외롭다

얼마 전 고등학교 동창회에 갔던 지인이 이런 이야기를 했다.

"졸업하자마자 대형 은행에 취직한 동창생이 53세에 해당 은
행에서 대출을 받은 회사로 파견 근무하게 되었는데, 마지막 출
근 날에 굳이 은행 본점 앞에 가서 기념사진을 찍고 SNS에 올
렸더라고. 파견 근무까지 하게 되었는데 여전히 애사심이 큰 모
습을 보고 깜짝 놀랐다니까…."

오늘날 우리의 현실은 '당신의 애사심이 아무리 크더라도 회사가 당신을 각별하게 대해줄 것이라는 보장이 없다'는 점이다. 50대가 되면 임원 정년이나 파견 근무로 연봉이 눈에 띄게 줄어들고, 정년 후에 다시 고용되더라도 급여는 신입사원 수준으로 떨어진다.

많은 기업에서 50대가 된 사원이 정년 후 인생을 설계할 수 있도록 '제2의 인생 연수'라는 교육을 진행한다. 그러나 연수 초반에 앞으로 받을 급여나 퇴직금, 연금을 알려주면 모두 그 낮은 금액에 충격을 받아 그 이후부터는 연수 내용에 집중하지 못한다고들 한다.

☑ 리크루트홀딩스에서 수많은 경영자가 탄생하는 이유

이런 사태에 몰리지 않으려면 40대에 한시라도 일찍 '회사밖에 모르는 사람'에서 벗어나야 한다. 자신의 정체성이 회사에만 있으니 회사에 배신당했다는 생각에 의욕을 잃을 수밖에 없다.

그래서 제안하고 싶은 사항이 있다. 회사나 조직에 몸을 담고 있는 사람은 **자기 상점의 경영자가 되었다고 생각해보자**. ○○주식회사 ××사업부의 오쓰카가 아니라, 자기 상점을 경영하고 있다고 의식을 전환하는 것이다.

내가 몸담았던 리크루트홀딩스는 인재 배출 기업으로 유명하다. 나는 그 요인으로 당시 회사에서 언급한 '모두 경영자주의'

라는 말이 큰 영향을 주었다고 확신한다. 누구나 회사에 고용된 일개 사원이 아니라 '내가 이 회사의 경영자다'라는 의식을 가지고 일한다. 당시 리크루트홀딩스는 그야말로 '자기 상점'의 집합체와 같았다.

그렇기 때문에 리크루트홀딩스에서는 유센(일본 최대의 유선 방송사-옮긴이)의 우노 야스히데 씨, 링크앤드모티베이션(일본 컨설팅 기업-옮긴이)의 오자사 요시히사 씨, 라이풀(일본 부동산 플랫폼-옮긴이)의 이노우에 다카시 씨, 매크로밀(일본 온라인 리서치 전문업체-옮긴이)의 스기모토 데쓰야 씨 등 저명한 경영자를 수많이 배출할 수 있었다. 이 전통은 지금도 이어지고 있어 스쿠(일본 무크 사이트-옮긴이)의 모리 겐시로 씨, 지모티(일본 지역기반 중고거래 사이트-옮긴이)의 가토 다카히로 씨, 아소뷰(일본 최대의 로컬 액티비티 플랫폼-옮긴이)의 야마노 도모히사 씨 등 현재를 빛내고 있는 젊은 경영자들이 계속해서 탄생하고 있다.

☑ 자기 상점은 피터 드러커의 '평행 경력'과 같은 의미다

꼭 창업하지 않더라도 자신이 하나의 '상점'이자 그곳의 '경영자'라는 의식만 가지면 된다. 그러면 현재 '주식회사 ○○의 과장'이라는 자신의 직함이 그저 돈벌이 수단 중 하나에 지나지 않는다는 점을 깨달을 수 있다. 경영에서는 돈벌이 수단 하나에 모든 것을 거는 일은 있을 수 없다. 그렇다면 어떻게 해야 돈벌이 수단을 늘릴 수 있을까? 부업을 해야 할까? 주말에만 창업에 도전해볼까? 분명 다양한 선택지가 생길 것이다.

이는 경영학자 피터 드러커가 주장한 '평행 경력'과 같다. 드러커는 저서 『21세기 지식경영』에서 앞으로 직장인은 본업 이외의 일을 갖거나 비영리 단체 활동 등에 종사하여 '평행 경력'을 반드시 실현해야 한다고 말했다.

다시 말해 **회사 명함 이외에 '두 번째 명함'을 가져야 한다**는 뜻이다.

내가 아는 회사원 중에도 두 번째 명함을 갖고 있는 사람이 많다. 주말에만 레스토랑을 경영하는 사람, 평일 밤에 세미나 강사로 활약하는 사람, 작가나 블로그 운영자로 인기를 모은 사람 등 다양하다. 이런 사람은 회사로부터 배신을 당하더라도 지나치게 의기소침할 일이 없다. 또한 본업 이외의 분야에서 얻은 넓은 시야는 본업에도 확실히 도움이 된다.

사실은 기업 경영자인 나도 두 번째 명함을 가지고 있다. 그것은 바로 선배가 만든 '영업 사푸리(보충을 의미하는 영단어 supplement의 일본식 줄임말-옮긴이)'라는 온라인 연수 회사의 사원 명함이다.

회사를 위해 무엇이든 무릅쓰던 세대와 자신을 우선하는 세대 사이에 끼어있는 40대는 회사와 거리를 두라고 하면 어쩔 줄

몰라 한다. 하지만 **회사를 위해 전력을 다하면 평생을 보장받는 시대는 이미 끝났다.** 당신만의 짝사랑은 아닌지 회사와의 관계를 다시 검토해보기 바란다.

07 | 월 70만 원을 벌 수 있는 부업을 찾는다

부업을 허용하는 대기업이 늘어나고 있다. 하지만 이 흐름을 따라가고 싶어도 어떻게 해야 좋을지 모르겠다. 가장 먼저 해야 할 일은 무엇일까?

☑ 회사의 부업 금지 규정은 어디까지 따라야 할까?

앞서 회사에 대한 짝사랑에서 벗어나려면 두 번째 명함을 갖는 것이 중요하다고 언급했는데, 이를 가장 이해하기 쉬운 예가 바로 부업이다. 나는 40대가 된 모든 사람에게 부업을 꼭 권한다.

최근에는 부업을 허용하는 기업이 늘어나고 있지만, 여전히 금지하는 회사도 많다. 하지만 취업 규정을 잘 살펴보면 부업 자체를 금지한다기보다 본업에 영향을 주지 않도록 한다거나 동종 업계 타사에서는 일하지 않는다는 등 부업을 제한하는 내용에 가깝다.

참고로 내가 주관하는 연수에서 현역 직장인에게 약소하게나마 사례를 지불하며 그들의 이야기를 들을 때가 있다. 하지만 이로 인해 부업을 했다고 나중에 회사에서 피해를 받으면 안 되므로, 그 사람이 속한 회사의 상사나 인사 담당자에게 사전에 허가를 받으라고 이야기하고 있다.

그때 늘 하는 말이 "부업의 허용 여부는 일의 내용에 따라 달라진다"는 것이다. 예를 들면 유흥업소에서 일하는 것은 안 되지만, 연수 강사라면 괜찮다는 것이다. 이것이 바로 회사에서 파놓은 함정이다.

☑ 목표 금액을 꼭 설정한다

부업으로 성공한 사람을 보면 비결이 있다. 바로 **부업으로 실현 가능한 수입 목표를 정하는 것이다.** 구체적으로는 월 70만 원 정도가 적당하다.

부업을 하는 첫 번째 목적은 두 번째 명함을 만들기 위함이므로 수입이 많고 적음은 큰 의미가 없다. 하지만 '처음에는 1만 원이라도 벌 수 있으면 되지'라는 정도로 목표를 낮게 설정하면 부업을 해야겠다는 동기가 생기지 않고 일만 많아져서 오히려 차일피일 미루게 된다. 그렇다고 해서 목표를 너무 높게 잡으면 부업에 쫓겨 본업을 소홀히 할 수도 있다.

월 70만 원이라면 충분히 실현할 수 있을 뿐만 아니라 생계에 도움을 주기에도 충분하다. 게다가 여행이나 자녀에게 줄 용돈처럼 명확한 사용처가 생길 수 있는 정도의 금액이므로 부업을 해야겠다는 동기부여로 쉽게 이어질 수 있다.

☑ 작은 회사를 매입하는 방법도 있다

한때 진입 장벽이 높았던 부업도 디지털 전환 시대가 도래하며 누구나 손쉽게 시작할 수 있게 되었다. 가장 높은 장벽이었던 고객 유치도 요즘에는 기업과 개인, 또는 개인과 개인을 이어주는 사이트가 많이 등장하여 놀랄 정도로 간편해졌다.

예를 들면 40대 직장인 J씨는 주말에 꽃꽂이 교실을 개최하여 취미와 실익을 모두 챙기고 있다. 본격적인 부업으로 수공예 교실을 진행하는 사람도 있다. 이런 공예 계열의 부업은 선생님과 학생을 이어주는 전문 사이트들도 있어 쉽게 시작할 수 있다.

그 밖에도 수업에 대한 수요는 무수히 많다. 스토아카(원데이 클래스 등 여러 종류의 수업을 연계해주는 일본 사이트-옮긴이)와 같이 누구나 손쉽게 강사가 될 수 있는 곳도 있다. 이런 사이트를 참조하면서 **자신의 기술이나 경험으로 무엇을 가르칠 수 있을지 한번 생각**

해보는 것도 좋은 방법이다. 프레젠테이션 자료 작성이나 엑셀 사용 방법 등 비즈니스 경험을 살린 수업도 많다.

마지막으로 고급 비법을 하나 소개하고자 한다. 외국계 기업에서 근무하는 T씨는 소위 사업 승계 M&A(기업의 매수 및 합병-옮긴이) 사이트에 나오는 유망한 회사나 점포의 소유권을 매입한다고 한다. 이 사이트에는 실적은 양호하지만 후계자가 없어 매각이 결정된 수많은 기업이 게재되어 있는데, 후계자와 자금만 있다면 이익을 충분히 얻을 수 있다. T씨는 실제로 이 투자를 통해 한 달에 160만 원 정도의 수익을 올리고 있다고 한다.

실제로 미국에는 예전부터 이런 영세 기업이나 점포를 매매하는 시스템이 있었다. 일본에도 드디어 이런 사업 승계형 마이크로 M&A가 정착하게 되었다.

Point

'어떻게 하면 한 달에 70만 원을 벌 수 있을까?'라는 발상을 통해 어떤 부업을 할 수 있을지 생각해보자.

돈에 대한 후회 ①

집을 사야 할까, 말아야 할까?

'집을 사야 할까, 말아야 할까'라는 주제는 투자 정보지 등에서 끝없이 다루어진다. 리크루트 주거 컴퍼니의 조사에 따르면 2017년 수도권 신축 아파트 구매자의 세대주 평균 연령은 38.6세인데, 평균 연령이 이렇다는 것은 40대가 되어도 여전히 '집을 사야 할지, 말아야 할지' 결론 내리지 못한 사람이 많다는 뜻이다.

확실히 말해 이 논쟁에는 답이 없다. 시대 배경이나 개인의 인생 계획 또는 가치관에 따라 최선의 선택이 다를 수 있기 때문이다.

그렇다면 집을 샀거나, 반대로 사지 않아서 후회한 사람의 이야기를 들어보면 참고가 되지 않을까? 그래서 내가 예전에 들었던 이야기를 소개하고자 한다.

우선 집을 사지 않아 후회한 사람의 이야기다.

항공사에서 근무하는 U씨는 결혼한 후부터 15년간 160~180만 원의 월세를 내야 하는 공영 주택에 살았다.

맞벌이라 소득이 어느 정도 있었기에 집을 살 수도 있었지만, 아파트 가격이 점점 내려가는 추세라 '조금 더 좋은 물건이 나오면 사자'는 생각에 결정을 미루었다.

결국 공영 주택 생활이 길어지면서 그동안 낸 월세를 계산해보니 3억 원을 훌쩍 넘는 금액에 달했다. 구축 물건을 살 수 있을 만큼의 금액이었다.

U씨는 '조금 더 일찍 결정을 내리면 좋았을 텐데'라며 아직도 후회하고 있다고 한다.

한편 40대 직전에 아파트를 산 W씨는 집을 사서 후회한 경우다. 매월 상환금을 줄이기 위해 10년간 고정으로 상여금까지 사용해서 원리금균등상환으로 25년간 대출을 실행하여 아파트를 구매했다.

첫 번째 착오는 매월 내는 관리비, 수선충당금의 부담이 예상보다 크다는 점이었다. 아파트 구매 가격만 보면 이 부분을 간과하기 쉽다.

그리고 10년 후, 금리가 고정에서 변동으로 바뀌었다. 다행히 금리가 떨어졌지만, 지금까지 상환한 이력을 보고 W씨는 아연실색했다.

대출 원금이 놀라우리만큼 줄어들지 않은 것이 아닌가! 즉, 10년간은 거의 이자만 내는 데 돈을 쓴 것이다.

물론 그것이 원리금균등상환의 특징이므로 원금을 줄이려 했다면 원금균등상환으로 해야 했는데 그 차이를 생각하지 못했던 W씨는 헛수고했다는 생각에 '집을 사지 말았어야 했다'고 후회했다고 한다.

어려운 점은 주택 문제는 당장 판단할 수 있는 것이 아니라 앞을 내다볼 수 있는 안목이 필요하다는 것이다.

결국 어느 쪽이 좋다는 정답은 없지만, 이 예시를 통해 하고 싶은 말은 '어떤 선택이든 빨리 실행하라', '주택담보대출의 시스템을 잘 이해해두자'는 점이다.

제 **2** 장

40대의
회사 생활

01 | 출세를 목표로 삼을지, 말지를 빨리 결정한다

물론 출세할 수 있다면 더할 나위 없겠지만, 출세를 위해 악착같이 일하는 모습도 처량하기 그지없다는 생각이 들지는 않는가?

☑ 출세를 원하지 않는 사람이 늘어나고 있다

'출세'라는 단어가 이전과 달리 부정적으로 사용되는 일이 늘어났다. 가치관이 변화하면서 관리직이 되면 귀찮기만 할 뿐이라며 출세를 원하지 않는 사람도 늘어나고 있다.

최근에는 특히 엔지니어나 IT 기술자 사이에서 이런 경향이 뚜렷하게 나타난다. '애초에 사람들과 소통하는 것이 서툴러서 이 업계에 들어왔는데 관리직이 되어 사람을 관리해야 한다고 생각하니 끔찍하다'고 생각하는 사람이 적지 않다.

한편 출세하지 않으면 큰일을 할 수 없는 것 또한 사실이다.

어느 쪽을 선택할지는 가치관의 문제다. 다만 40대가 되면 되도록 빨리 **출세를 목표로 삼을지 말지를 결정해야만 한다.**

최악은 어느 쪽도 선택하지 않은 채로 시간만 질질 끌며 계속 일하는 것이다. 출세를 목표로 삼았다면 통솔력이나 경영 능력, 여러 가지 일을 지켜볼 수 있는 능력 등을 갖추어야만 한다. 한편 출세를 원하지 않는다면 한시라도 빨리 특정 분야의 전문가를 목표로 삼아야 한다. 이 부분이 모호한 상태로 40대의 **귀중한 10년을 소비해버리면 50대가 되어서 '지위도 낮으면서 전문성도 떨어지는 짐짝 같은 사원'**이 돼버리고 만다.

☑ 일류 회사의 사장들은 40대에 사장이 되기로 결심했다

만약 당신이 출세를 목표로 삼았다면 어느 자리까지 원하는지를 명확히 해두어야 한다. 과장까지인지, 부장까지인지, 임원까지인지 아니면 사장 자리까지 원하는지 말이다. 그리고 그 위치에 오르려면 어떤 능력이 필요한지 생각하면서 일하도록 하자.

예를 들어 사장을 목표로 삼았다면 지금부터 회사 전체로 시야를 넓혀서 일을 진행해야 한다. 대기업에서 최고 자리까지 오

른 사람들의 이야기를 들어보면 많은 사람이 "젊은 시절부터 사
장을 목표로 삼았다"고 말한다. 그 덕분에 필요한 능력을 익힐
수 있었던 것이다.

40대는 소위 '출세 레이스'의 마지막 국면에 해당한다. 다시 말해 이
연령대라면 아직 승률이 있다는 뜻이다.

☑ 어중간한 행동은 최악이다

만약 출세를 목표로 삼지 않는다면 **'어떤 분야의 전문가를 목표로
삼을지'**를 명확히 해야 한다. 그렇게 해야 사내에서 지위도 확보
할 수 있고 이직할 때도 유리해진다.

외식 기업에 종사하는 I씨는 40대에 일만 하느라 정작 하고
싶은 일은 아무것도 하지 못하고 있다는 사실을 깨닫고 출세의
길을 포기하고 전문가로서 살아가기로 했다. 그 후 '히말라야
등반'이라는 꿈을 이루기 위해 퇴직했는데, 다른 회사에서 스카
우트를 제안하여 예전보다 많은 연봉을 받으며 일하게 되었고,
60세가 지난 지금도 즐겁게 일하고 있다.

자신이 출세를 목표로 삼지 않고 있다면 한시라도 빨리 상사
나 인사 담당자에게 그 취지를 전하도록 하자. 만약 회사에 그
런 전례가 없다면 자신이 1호가 되어 그 길을 만들어보는 것도

좋은 방법이다.

그런 당신에게 상사나 인사 담당자가 "관리직을 꼭 맡아주기 바란다"고 한다면, 당신에 대한 호평에서 비롯된 제안인 만큼 그에 응하는 것도 좋다.

어떤 선택을 하든 40대에는 '출세'와 진지하게 마주해야 한다.

Point

출세를 목표로 삼을지, 말지는 자유다. 다만 출세에 관해 생각조차 하지 않는다면 언젠가 후회하는 날이 올 것이다.

02 | 개인의 능력보다 조직에서 필요로 하는 능력을 갖춘다

30대까지는 순조롭게 승진했는데 40대에는 한계점에 도달했다. 그리고 자신보다 능력이 없는 사람이 승진한다. 왜 이렇게 돼버린 것일까?

✓ 개인의 업무 능력으로 출세할 수 있는 건 30대까지다

한 기업의 간부가 막 40세가 된 후배 과장에게 "조직이라는 곳에서는 일을 잘하는 사람만 출세하지는 않는다"고 말했다고 한다. 나도 지금까지 수많은 직장인을 만나왔지만, 이 말이 진실임을 통감한다.

다시 말해 '일은 잘하지만 40대가 되어도 출세나 승진하지 못하는 사람이 아주 많다'는 뜻이다.

30대까지는 소위 업무 능력이 좋은 사람이 승진한다. 일 처리가 빠르고 정확하거나, 목표치를 반드시 달성하거나, 인기 상품을 끊임없이 기획하는 인재 말이다.

하지만 그런 업무 능력으로 출세할 수 있는 시기는 30대까지다. 40대가 되면 오히려 업무 능력을 갖춘 사람은 출세하기 힘들다.

그렇다면 조직에서 필요로 하는 능력이란 무엇이며, 구체적으로 30대와 어떻게 달라져야 하는가? 다음과 같이 대조하면서 소개하고자 한다.

① 어떻게든 목표치를 달성한다 ➡ 제 역할을 하며 목표치를 달성한다

단적으로 말하면 회사나 상사가 무엇을 기대하는지 정확히 파악하여 그에 따라 성과를 높여야 한다. 예를 들면 회사가 '고객 만족도 중시'라는 방침을 세우고 있다면 무리하게 밀어붙이는 영업 같은 방식은 피하면서 성과를 내야 한다는 뜻이다.

30대까지는 '어떤 방법을 쓰든 목표치를 달성하면 좋다'는 사고방식이 통했을지 모른다. 하지만 40대가 되어서도 그런 자세를 취하면 어떻게든 목표치를 달성했어도 방침을 무시하는 사람으로 평가받을 우려가 있다. 실제로 그런 사람을 수없이 봤다.

② 불합리에 맞선다 ➡ 하나라도 긍정적인 자세를 보인다

위에서 지시한 목표치가 정말 말도 안 될 정도로 높다고 가정해보자. 그럴 때는 할 수 없는 이유, 하기 어려운 이유를 나열하며 불평을 늘어놓지 말고 '적어도 이것만은 달성해보겠다'는 긍정적인 대응 자세를 갖는 것이 중요하다.

예를 들면 '매상 목표는 무리더라도 신규 개척률 목표만은 달성하겠다'거나 '다음 분기에 조직 체제만은 정비하겠다'는 것처럼 무언가 하나라도 달성하려는 자세를 보여야 한다. 그렇게 하면 목표치에 도달하지 못했더라도 그 긍정적인 자세 덕분에 좋은 평가를 받게 될 것이다. 의외로 위에서는 이런 자세를 지켜보는 경우가 많다.

③ 부서 간의 장벽을 돌파한다 ➡ 사전 교섭을 통해 조정한다

조직에서는 항상 부서 간의 트레이드 오프 관계(두 요소 중 하나가 실현되면 나머지 하나는 희생되는 양자 간의 관계-옮긴이)라는 것이 발생한다. 때로는 그것이 부서 간의 대립이라는 형태로 드러나기도 한다.

30대까지는 부서 간의 장벽을 돌파하여 성과를 올리는 사람이 좋은 평가를 받을지 모르지만, 40대에는 대립 중인 상대를 무릎 꿇게 하면 '분위기 파악도 못 하는 사람'이라는 취급을 받을 수 있다.

이럴 때는 오히려 교섭 능력이 필요하다. 각 부서나 상사와 사전에 교섭하여 날을 세우지 않고 일을 진행해나가는 능력이 필요하다.

사전 교섭은 전체를 살펴보고 상황을 분석하여 관련 부서의 방향성을 가장 적합한 방향으로 맞춰나갈 수 있는 고도의 능력이다. 최고 경영진에게는 필수 능력이므로 빨리 익힐수록 좋다.

④ 상사를 비판한다 ➡ 상사와 방향성을 맞춘다

40대가 되면 절대 입 밖으로 꺼내서는 안 될 말이 있다. 그 말은 바로 '위에서 처리하려는 방식은 명확히 잘못되었다'거나 '상사는 이렇게 말했지만, 나는 이렇게 생각한다'는 등의 말이다.

젊을 때라면 상사와 맞서는 부하가 주변 사람에게 지지를 받기도 한다. 하지만 40대 사원은 젊은 사원들이 보기에는 사측 사람이다. 그런 사람이 회사나 상사를 비판한다면 '그럼 당신이 어떻게 좀 해봐'라는 반응이 돌아올 테니 중간에서 곤란해지기만 할 뿐이다.

물론 나와 맞지 않는 상사, 무능한 상사, 인간적으로 문제가 있는 상사도 있을 것이다. 하지만 40대가 되면 상사나 회사를 향한 비판은 입 밖으로 꺼내지 않는 편이 좋다. 술자리에서 그런 이야기가 주요 안줏거리가 되기도 하지만, 그런 자리에서도 항상 말을 조심해야 한다.

법령에 반하는 상사라면 비판할 만하지만, 그렇지 않다면 이상한 방침이라고 해도 어떤 수단을 쓰든 방향성을 맞춰가야만 한다.

'무슨 그런 약해빠진 말만 하느냐'고 생각할 수도 있다. 하지만 나는 아무리 능력이 있다고 해도 상사나 회사를 계속 비판하다가 좌천당하거나 회사에서 쫓겨난 사람을 그간 많이 봐왔다. 그야말로 '성질이 급하면 손해를 본다'는 말에 걸맞은 상황인 셈이다.

⑤ 회사 사람들과 얽히지 않는다 ➡ 사내 네트워크를 구축한다

회사 동료와 얽히기 싫어하고 사외 인맥을 넓히는 데 힘쓰는 사람이 있다. 이는 특히 업무 능력이 뛰어나고 의식이 높은 사람에게 많이 나타나는 경향이다. 그리고 '나는 저런 사람과도 알고 지낸다'거나 '회사 밖에서는 이렇게 유명하다'며 젠체하기도 한다.

물론 사외 인맥은 중요하다. 하지만 40대가 되었을 때 사내 인맥이 잘 갖추어져 있지 않으면 일이 제대로 돌아가지 않는다.

성공하는 40대일수록 자기 부서뿐만 아니라 타 부서의 관리직, 그리고 일반 사원까지 두루두루 네트워크를 갖추고 있다. 그래서 무슨 일이 생겼을 때 곧바로 상담할 수 있고 미리 의논도 할 수 있다. 결과적으로 문제를 원활히 해결할 수 있다는 뜻이다.

한편 사외 인맥만 의식해서 사내 인맥을 무시한 사람은 40대를 맞이할 즈음 모든 사람에게 외면을 받아 고립되고는 한다.

지금까지 소개한 조직 능력에 대해 '왠지 좀 볼썽사납다'고 생각하는 사람도 많을 수 있다. '회사에 의존하지 말아라', '자신의 브랜드 능력을 키워라'라고 조언하는 책이나 세미나에서는 이런 능력이 종종 부정적으로 다루어지고는 한다.

물론 회사에 의존하지 않고 자신의 능력을 키워서 성공하는 사람도 있지만, 이는 어디까지나 매우 뛰어난 극히 일부의 능력자에게 해당하는 이야기다. 그리고 결국은 그런 사람조차 조직에서 쫓겨나는 일이 많은 것이 현실이다. **폼을 잡다가 실패할 것인가, 좀 볼썽사납더라도 성과를 낼 것인가, 당신이라면 어느 쪽을 선택하겠는가?**

Point

상대를 날카롭게 공격하는 능력은 30대에 버리고, 좀 볼썽사납더라도 조직에서 필요로 하는 능력을 익히자.

03 | 부정적인 말을 삼가고 적을 만들지 않는다

영화나 소설에서는 라이벌이 필수다. 라이벌을 통해 주인공이 성장할 수 있기 때문이다. 하지만 40대가 되면 라이벌이 악영향을 미치기도 한다.

☑ 라이벌에게 지지 않으려는 생각이 문제가 되기도 한다

20~30대에 적이나 라이벌은 긍정적으로 작용한다. '저 사람에게 지지 않겠다'거나 '저 녀석에게 본때를 보여주겠다'는 생각이 개인의 능력치를 높여주기 때문이다.

하지만 40대가 되면 정세가 바뀐다. 위에서는 개인의 능력치가 아니라 부서나 팀의 능력치를 최대로 끌어내기를 기대하기 때문이다. 종목이 개인전에서 단체전으로 바뀌는 셈이다.

이 정세의 변화를 놓치면 굉장히 곤란해질 수 있다. 예를 들어 '저 부서에는 절대로 지지 말자'거나 '본때를 보여주자'는 격문에 역효과가 발생하여 부서 간 대립이나 주도권 쟁탈, 파벌 투쟁 등으로 발전할 위험성이 있다.

이런 논쟁은 이기든 지든 감정적인 응어리가 남아 사사건건 논쟁이 벌어지는 악순환에 휘말릴 수 있게 된다. 그 결과로 파산에까지 이른 기업을 수없이 많이 봤다.

☑ 일을 잘하는 사람일수록 보이지 않는 적이 많다

그러면 구체적으로 어떻게 하면 좋을까? 평범한 방법이지만, 타인이나 타 부서에 대해 부정적인 말을 하지 않으면 된다. 부서의 최고 자리에 있으면서 '저 녀석들이 하는 일은 시대에 뒤떨어졌어'라거나 '저 부서는 비효율의 극치다'라고 공언하면 반드시 그 이야기가 퍼져 부서 간에 감정적인 응어리를 만든다. 일부러 그런 이야기를 전달하여 사내에 혼란을 일으키는 사람도 있으니, 아무리 부서 내 발언이라고 해도 신경을 써야 한다.

또 무서운 점은 바로 질투다. 성공하는 40대에게 적은 만들지 않아도 '저절로 생기는 존재'와 같다.

한 기업에서 부장을 맡고 있는 A씨는 젊을 때 실적을 올려 해외 신규 프로젝트 적임자로 발탁된 에이스였다. 하지만 그 직후에 리먼 쇼크가 발생했고 A씨의 해외 프로젝트는 철수하기에 이르렀다.

그때 A씨는 처음으로 얼마나 많은 사람이 자신의 적이었는지 깨달았다고 한다. '타인의 불행은 달콤하다'는 말이 있듯이, A씨에게 질투를 느낀 많은 사람이 그의 실패를 기뻐했던 것이다.

결론부터 말하자면 A씨는 그 상황을 극복했지만, 관리직에 오르는 후배에게 항상 **"조직 사회에서는 한 사람이 인정을 받으면 그 주변에 7명의 적이 생긴다"**는 말을 해준다고 한다. 본인의 경험을 바탕으로 한 설득력 있는 말이다.

그래서 40대부터는 '저절로 생기는 적'을 유의해야 하며, 특히 일을 잘하는 사람은 주변의 질투를 신경 써야만 한다. '모난 돌이 정 맞는다'는 말이 있듯이, 질투라는 바이러스는 보이지 않는 돌부리부터 서서히 잠식하므로 처리하기 상당히 까다롭다.

✅ 매일 개선을 통해 인망을 쌓는다

질투에 발목을 잡히지 않으려면 어떻게 해야 할까? 이번에도 특별할 것 없는 방법이기는 하지만, 인망을 높여야 한다. 인망이 두터운 사람이라는 평가를 받으면 질투에 사로잡혀 발목을 잡으려는 쪽도 악담이나 음해를 하기 힘들어진다. 비판한 자신이 나쁜 사람이 될 우려가 있기 때문이다.

인망은 하루아침에 쌓을 수는 없다. 어떤 결과의 축적이 인망으로 표현될 뿐, 인망을 높일 수 있는 방법이 따로 있지도 않다.

그렇더라도 40대가 되면 때로는 '나는 인망이 부족하지는 않은가?'라며 자신을 되돌아볼 필요가 있다. 주변의 인망이 두터운 인물과 비교해보는 것도 좋은 방법이다.

그 결과 자신의 인망이 조금 부족하다고 판단된다면, 하나라도 좋으니 원인이 되는 행동을 바꿔보자. 예를 들면 '너무 바쁠 때는 신경질을 낸다'거나 '부하의 발언을 무시하고 이야기하는 경우가 많다'면 그런 부분을 하나씩 개선해나간다.

나이가 들면서 언행이 부드러워진 사람에게 '저 녀석도 많이 유해졌네'라고 이야기할 때가 있는데 그 정도 수준만 되어도 괜찮다. 40대가 되어서도 계속 날카롭게 구는 사람은 누구에게나 폐를 끼치게 되어 결국에는 좋은 결과를 낼 수 없다.

Point

성공을 원한다면 '보이지 않는 적이 있다'는 점을 명심하며 항상 겸허하게 인망을 쌓자.

04 | 안티모델을 통해 문제점을 개선한다

젊은 시절에는 동경하는 인물이 있었지만, 최근에는 다른 사람의 단점만 눈에 띈다. 업무 관련 롤모델은 어떻게 찾을 수 있을까?

☑ 롤모델을 찾기 힘든 시대

'롤모델(본보기)이 될 만한 인물을 찾아라'라는 말을 종종 들을 수 있다. 무슨 문제나 고민이 생겼을 때 조언해주는 상사가 있다면 얼마나 마음이 든든할까?

주변 인물이 아니더라도 동경하는 인물을 롤모델로 삼으면 더 빠르게 목표에 도달할 수도 있다. 동경하던 연예인의 뒤를 따라 유명 스타가 된 사례를 심심찮게 볼 수 있는 것처럼 말이다.

하지만 요즘에는 업무 방식의 개혁이나 코로나바이러스로 인한 재택근무 등 새로운 업무 방식이 요구되어 기존의 롤모델이 통용되지 않는 면도 있다.

직장 내 괴롭힘 방지법도 시행되는 요즘, 예전 상사의 지도 방식을 그대로 흉내 냈다가는 직장 내 괴롭힘으로 간주될 수도 있다. 예전 유명 경영자의 자서전이나 그 부하였던 사람의 체험기를 읽어보면 "온종일 호통을 들었다"거나 "맞기도 했다"는 등의 이야기가 자주 나오는데, 요즘에는 절대 있어서는 안 될 일이다.

☑ 안티모델을 반면교사로 삼는다

롤모델을 찾기 힘들 때 제안하고 싶은 방법은 바로 '이런 사람은 되고 싶지 않다'는 '안티모델'을 찾는 것이다. 이는 특히 40대가 의식하고 있어야 할 방법이다.

40대가 되면 주변에서 관리직으로 활약하기를 바라기도 하는데, 관리직은 생각보다 많은 부하가 지켜보는 위치다. 따라서 장점만 늘릴 것이 아니라 단점도 없애야 한다. 이때 타산지석까지는 아니지만, 안티모델을 반면교사로 삼으면 도움이 된다.

예를 들면, 당신의 주변에 결정을 잘 못하거나 스스로 생각하지 못하는 우유부단한 인물, 기분에 따라 말하거나 자신한테 불리한 말을 했다고 열 받아서 반론하거나 금세 토라지는 등 불안정한 인물, 책임을 지지 않거나 돕는 척하다가 배신하거나 공로를 독차지하는 등 무책임한 인물이 있는가?

그런 인물을 보고 싫다는 생각만 하지 말고 안티모델로 삼아 '나는 저런 사람은 되지 말아야지'라며 자신을 되돌아보는 기회로 삼자.

안티모델로 삼는 방법에는 또 다른 효과가 있다. 보통 싫어하는 사람을 마주하면 안 좋은 감정에 휩싸이곤 하는데, **싫어하는 사람을 안티모델로서 '학습 대상'으로 삼으면 그 사람과 마주하는 고통이 완화된다.**

안티모델로 삼을 만큼 형편없는 인간이 자신의 주변에 없다면, 여러 인물의 단편적인 문제점을 모아서 안티모델로 삼아도 된다. 아무리 훌륭한 사람이라도 고칠 부분은 있기 때문이다.

✅ 롤모델은 공격적 대책, 안티모델은 수비적 대책

물론 롤모델을 갖는 것도 중요하다.

'롤모델이 있으면 좋다는 사실은 알지만, 주변에 롤모델로 삼을 만한 인물이 없는데 어떻게 하지?'라며 고민하는 사람도 있을 것이다. 그럴 때는 안티모델과 마찬가지로 여러 사람의 단편적인 장점을 취합해도 된다.

롤모델을 꼭 사내나 주변에서 찾을 필요는 없다. 거래처나 세미나에서 만난 사람도 좋고, 감명 깊게 읽은 비즈니스 서적의 저자라도 좋다.

더 나아가서는 소프트뱅크의 손정의 씨처럼 유명 경영자도 좋고, 역사 속의 위인도 좋다.

롤모델이 40대의 경력 형성을 위한 공격적 대책이라면, 안티모델은 수비적 대책이다. 양쪽을 모두 잘 갖춘다면 당신의 비즈니스 인생에 도움이 될 것이다.

Point

40대는 단점을 고쳐야 할 시기다. 평소 싫어하고 형편없다고 생각한 사람을 반면교사로 삼으면 도움이 될 것이다.

05 위기의 순간에는 누군가 나를 시험한다고 생각한다

조직에서는 생각하지 못한 부조리가 발생하기도 한다. 하지만 그 순간에 어떤 태도를 보이느냐에 따라 미래가 결정된다면 어떻게 할 것인가?

✓ 갑작스러운 좌천에도 불평 한 마디 하지 않은 D씨

전국적으로 사업을 전개하던 한 기업의 주요 지점에서 토목 부서 영업부장으로 있었던 40대 중반의 D씨는 어느 날 본부장에게 돌연 "영업부장에서 내려오라"는 말을 들었다.

실적이 낮지도 않을뿐더러 짐작되는 이유조차 없이 돌연 좌천을 당한 셈이다. D씨는 '어째서 제가…'라는 말이 목구멍까지 올라왔지만, 애써 도로 삼켰다. 돌아가신 아버지가 말씀하신

"직장인은 무슨 일이 있어도 절대 반론을 제기하지 말아라. 자포자기하는 순간 끝이다"라는 말이 떠올랐기 때문이다.

D씨는 그 후에도 묵묵히 업무를 계속해나갔다고 한다. 물론 속으로는 부아가 치밀어올라 몇 번이고 그만두고 싶은 충동이 일었지만 말이다.

그로부터 1년 후, D씨에게 다시 영업부장으로 복귀하라는 명령이 떨어졌다.

사실 이때 각 지점에서 영업부장이라는 직위를 없애고 본사의 토목 영업부가 일괄하여 관리하는 체제를 실험적으로 도입했고, 실험이 끝난 뒤 원래 체제로 돌아갔던 것이다. 즉, 좌천이 아니었던 것이다.

그로부터 8년 후, D씨는 이사로 취임했다. 당시 D씨의 담력을 좋게 평가한 사람이 있었던 것이다.

아마 다른 영업부장 중에는 '어째서 제가?'라며 대들거나 불평을 늘어놓은 사람이 많았던 듯하다. 그래서 아무 반론도 하지 않고 묵묵히 일을 처리한 D씨의 담력이 눈에 띄었던 것이다.

☑ 경영 간부 후보에서 탈락하고 격분을 참지 못한 E씨

앞선 내용과 대조적인 사례가 있다. 모 기업에서 엘리트 코스를 밟던 E씨의 이야기다.

E씨의 회사에서는 40대 관리직 중 장래의 경영 간부 후보를 선출하는 연수를 시행하고 있었는데, 그도 후보로 선출되었다. 몇 년에 걸친 장기 프로그램으로 여러 컨설팅 회사와 연수 회사가 참가할 정도로 대형 프로젝트였다. E씨는 연수 기간 내내 가장 유력한 후보로 예상되었다. 나도 이 프로젝트에 참가했었는데 E씨는 단연 우수했었다.

드디어 최종 선발을 앞두고 있을 때 어떤 사건이 발생했다.

E씨의 상사였던 한 임원이 최종 선발 전에 E씨에게 당선이 확실하다는 정보를 흘린 것이다. 하지만 실제로는 엎치락뒤치락하던 상황이었고 E씨는 결국 최종 선발에서 제외되었다.

당선이 확실하다고 생각했던 E씨는 예상치 못한 낙선에 격분했다. 상사는 진심으로 사과했고, 결국에는 최종 선발로 뽑혔다면 추가로 받았을 금액을 E씨의 양복에 집어넣으며 수습하려 했다. 하지만 E씨는 그 후로 한동안 누구나 알 수 있을 정도로 불평을 늘어놓는 언행을 서슴지 않았다.

물론 상사에게도 문제는 있었다. 하지만 상사에게 격분하는 모습이나 불평하는 태도를 모든 사람에게 보이는 바람에 E씨에게는 그 후로 출세의 기회가 두 번 다시 찾아오지 않았다고 한다.

☑ 위기가 찾아올 때는 '위장 조사'라고 생각한다

일을 하다 보면 설마 했던 사태가 발생하는 경우가 있다. 일이 뜻대로 되지 않으면 부정적인 에너지가 커질 수밖에 없지만, 그 부정적인 에너지를 집어삼킨 D씨와 폭발시킨 E씨는 천지 차이라고 할 수 있을 만큼 다른 결과를 보였다.

감정을 제어하는 능력은 40대에게 아주 중요한 요소다. 20대라면 감정을 폭발시키더라도 '아직 젊으니까'라거나 '에너지 넘쳐서 보기 좋네'라고 생각해줄 수 있지만, 40대는 그렇지 않다. 역경의 순간, 위기의 순간일수록 당신이 어떻게 대응하는지를 누군가 반드시 지켜보고 있다는 사실을 잊지 말자. 기업에 따라서는 간부 후보에게 일부러 시련을 주는 곳도 있다고 한다.

그래서 **위기가 찾아올 때는 항상 '이건 위장 조사다'라고 생각**해보기를 추천한다. 누군가 보고 있다고 생각하면 분명 본인을 제어할 수 있을 것이다.

Point

부조리를 느낄 때는 '누군가 나를 시험하고 있다'고 생각하자. 결코 감정적으로 행동해서는 안 된다.

06 | 상사의 환심을 사기보다는 부하에게 인정을 받는다

회사의 인구 피라미드에서 40대는 상사와 부하 사이에 끼어있는 위치에 있다. 둘 중 한쪽을 우선해야 한다면 당신은 어느 쪽을 선택하겠는가?

✓ 10년 후 회사에 남을 가능성이 높은 것은 어느 쪽일까?

40대 직장인은 상사의 안색을 살펴보는 습관이 몸에 배 있다. 무의식적으로 고객의 요구보다 상사의 요구를 우선시하는 경향까지 있는데, 이런 의식을 한시라도 빨리 바꿔야 한다.

30대까지는 사내 인간관계가 상사나 선배 중심이 될 수 있지만, 40대가 되면 상사나 선배, 부하나 후배의 수가 비슷해진다. 그렇다면 이들에게 고른 관심을 주어야겠지만, 나는 오히려

40대가 되면 윗사람보다는 아랫사람의 환심을 사라고 말하고 싶다.

당신의 업무 실적을 높여주는 사람은 상사가 아니라 부하나 후배이기 때문이다. 아무리 상사의 총애를 받더라도 실적이 낮은 사람을 끌어주지는 않는다. 또 그 상사가 지위를 잃는다면 함께 나락으로 떨어지는 처지가 될 수 있다.

오랫동안 윗사람의 안색을 살피던 습관이 좀처럼 고쳐지지 않을 수도 있다. 하지만 **사장이든 임원이든 앞으로 10년 정도 지나면 회사에 없을 가능성이 높다.**

반면 부하나 후배와의 관계는 당신이 회사를 그만둘 때까지, 어쩌면 그만둔 후에도 이어질 수 있다. 그러니 어느 쪽을 우선해야 할지 명백하지 않은가?

☑ 부하에게 관심을 갖는 것만으로도 충분하다

그렇다고 부하의 비위를 맞출 필요는 없다. 관심을 가지는 것만으로 충분하다. 그 유명한 '사랑의 반대는 무관심'이라는 말은 조직론에서도 진리로 통한다.

미국의 가정 폭력에 관한 조사에 따르면, 폭력으로 인한 학대보다 '무시'가 아이의 지적 능력에 영향을 미친다는 결과가 나왔다. 조직에서도 마찬가지다. 부하나 후배가 '이 사람은 나한테 관심이 없구나'라고 생각하는 순간, 감정의 에너지가 사라져 업무 의욕을 잃게 된다. 오히려 상사에게 반감을 품은 사람이 부정적 에너지를 느껴 업무 의욕이 생겨난다.

관심을 가지라고 해서 "A씨는 일을 잘하네", "B씨는 조금 더 노력해야겠어"라고 말하라는 것이 아니다. 우선 각각의 됨됨이를 알아보는 것부터 시작하자.

어떤 유년 시절과 학창 시절을 보냈는지, 무엇을 하고 싶어서 이 회사(조직)에 들어왔는지, 업무나 사적인 부분에서 어떤 점을 소중히 여기고 있는지 등을 일상적인 대화를 통해 파악해둔다.

사람은 누군가 자신에게 관심이 있는지를 민감하게 감지해낸다. 그리고 그것이 당신에 대한 신뢰나 호의로 이어질 수 있다.

☑ 비즈니스 인생의 후반전은 후배와의 관계에 따라 결정된다

상사보다 부하를 우선시했을 때 또 다른 이점이 있다. 그것은 당신의 정년 후에 관한 이야기다.

정년 후 다시 고용되었을 때 부하에게 인망이 두터웠던 사람과 그저 상사에게 충성했던 사람은 우대에서 큰 차이가 생길 수밖에 없다. 물론 임금에 대해서는 별 차이가 없겠지만, 주어진 업무의 중요성이나 보람 등에서는 차이를 느낄 수 있다. 부하에게 의지하면서 즐겁게 일할지, 짐짝 취급이나 냉대를 받으며 보낼지가 달라진다. **당신의 정년 후 재고용 환경은 한때 부하였던 인물의**

마음에 달렸다는 뜻이다.

게다가 정년 후에 고문으로서 채용될 수 있는 길도 열린다. 어느 분야에 강할 뿐만 아니라 젊은 직원들과 잘 지낼 수 있다는 점은 고문의 중요한 조건이다. 일주일에 며칠만 출근하여 보수는 많지 않지만, 그런 식으로 여러 회사에 다니며 활발히 일하는 사람도 많다.

이 외에도 40대 이후에 새로운 도전을 할 때 젊은 직원과 협업하는 방법도 있다. 50대에 이와세 다이스케 씨(이와세는 당시 20대였으며, 두 사람은 28세의 나이 차이가 난다-옮긴이)와 함께 라이프넷 생명보험을 창업한 데구치 하루아키 씨가 좋은 사례로 손꼽힌다. 젊은 사람과의 인간관계는 당신의 인생을 더욱더 넓혀줄 것이다.

Point

부하에게 관심을 갖는 것만으로도 당신의 비즈니스 인생의 후반전이 달라질 수도 있다는 것을 명심하자.

돈에 대한 후회 ②

하지 않으면 좋았을 5가지

40대에는 돈이 많이 필요하다. 그렇기 때문에 돈에 대한 후회를 하는 사람도 많다. 여기에서는 내가 자주 들어온 대표적인 이야기를 소개하고자 한다.

"고리대금에 손을 대지 말았어야 했다"

교육비 등으로 인해 생활비가 모자르다 보니 고리대금에 손을 댔고, 높은 이자를 부담하느라 고통을 느끼는 사람이 많다.

"리볼빙이나 카드 대출을 이용하지 말았어야 했다"

간편한 방식 때문에 무심코 이용하기 쉽지만, 금리가 높아 할부를 갚아나가기 가장 힘들다.

"생활 자금과 여유 자금을 구별했어야 했다"

생활 자금이란 일상 생활에 필수적인 돈을 말한다. 한편 여유 자금은 지금 당장 필요하지 않으며, 외식이나 여행 등을 할 수 있는 여유가 있을 때 사용할 수 있는 돈을 말한다.

20대나 30대였을 때처럼 이 여유 자금을 사용하면 돈이 모이지 않을 뿐만 아니라 적자가 되기 십상이다. 나중에 자산이 전혀 늘지 않았다는 사실을 깨닫고 후회하는 사람이 매우 많다.

"스스로 생각해보고 투자했어야 했다"

요즘 같은 저금리 시대에는 은행에 저금하는 것보다 투자가 나을 수도 있다. 그런데 문제는 영업 사원이 시키는 대로 투자한다는 것이다.

본래 투자는 기준을 잘 정해서 해야 한다. 자산을 지키고 싶다면 수익이 적더라도 안전한 곳에 투자하고, 자산을 크게 불리고 싶다면 잃을 위험을 각오하고 공격적으로 투자해야 한다. 그런 기준을 정하지 않고 영업 사원이 추천하는 대로 투자했다가 실패할 때 후회를 가장 많이 한다.

"너무 좋은 조건에는 솔깃하지 말았어야 했다"

40대의 돈에 대한 후회 중 가장 먼저 언급되는 이야기다.

특히 투자용 아파트에 약속된 이율이 보증되지 않는다거나 입주자나 세입자를 구하지 못했다는 이야기는 수없이 들어왔다.

또 영업 사원의 솔깃한 조건을 믿고 추천하는 대로 부동산을 늘렸던 사람들이 실패하는 사례가 많다고 한다. 부동산 투자가 나쁜 것은 아니지만, 세상에 그렇게 좋은 조건은 있을 수 없다는 사실을 염두에 두어야 한다.

내 지인 중에는 모 대형 은행에서 MOF 담당(재무성(우리나라의 기획재정부에 해당하는 곳-옮긴이)을 담당하는 예전 시중 은행의 부서를 가리키며, 금융 엘리트의 총칭이기도 함)을 맡았던 자산 전문가 Y씨가 있다. 그는 다음과 같이 간단한 방법으로 자산을 관리하라고 조언한다.

- 미리 잘 따져보고 투자하고, 만약 실패해도 후회하지 않을 것
- 주택 담보 이외에는 대출하지 말 것

또 다른 조언은 '돈을 쓸 때는 즉흥적으로 결정하지 말아야 한다'는 점이다. 아주 매력적인 상품이 눈에 띄더라도 충동적으로 구매하지 않고 다음 날 머리가 맑아진 상태에서 판단하며, 그렇게 했는데도 실패한다면 후회해봤자 소용이 없다고 Y씨는 말한다.

제 **3** 장

40대의
조직 관리

01 | 일을 맡기는 방식을 익힌다

보통 40대의 관리직은 자신이 직접 일을 해야 빨리 끝난다고 생각한다. 하지만 그 생각에는 자신의 가치를 잃고 싶지 않은 속내가 숨어있지 않은가?

☑ 부하에게 일을 맡기지 못하는 이유는 무엇일까?

부하에게 일을 맡기지 못하고 떠안고 있는 상황은 40대 리더에게 최대 고민이 아닐 수 없다. 자신이 관리자로서의 일과 직원으로서의 일을 동시에 처리해야 하는 중간 관리자라면 더욱더 그렇다.

애초에 부하에게 일을 맡기지 못하는 이유는 무엇일까?

부하의 기술이나 능력이 낮기 때문이라고 말하는 사람이 많다. 물론 잘못된 부분을 뒤치다꺼리하느라 귀찮을 수 있다. 하지만 그보다는 자신이 익숙한 업무, 잘하는 업무이기 때문에 '내가 처리하고 싶다'는 마음이 강하지는 않은지 생각해볼 필요가 있다. 즉, 부하에게 맡길 수 없는 것이 아니라 부하에게 맡기고 싶지 않은 것일 수 있다는 이야기다.

나는 이런 40대 관리직이 상당히 많다고 느낀다. 그리고 **부하에게 일을 맡기고 싶어 하지 않는 사람은 옆에서 지켜보면 전형적으로 무능한 인재인 경우가 많다.** 현재 이루어지는 관리직 연수의 대부분은 이런 사람을 어떻게 해야 할지에 초점이 맞춰 있다고 해도 과언이 아니다.

게다가 본인은 '내가 처리해야 완성도가 높아진다'고 생각하겠지만, 실제로는 시대에 완전히 뒤처져 있거나 일의 흐름을 끊는 방해물로 작용하여 팀 전체의 생산성을 낮추는 '선의의 골칫거리'가 되는 경우도 많다.

☑ 부하에게 일을 맡길 때 지켜야 할 원칙

40대가 되면 일을 맡기는 방식을 익히자. 이는 40대가 되었을 때 꼭 실천해야 할 가장 중요한 핵심이다.

일을 맡기는 방식에도 원리와 원칙이 있는데, 하나하나 살펴보자.

우선 가장 중요한 것은 일을 맡길 때 "이 일 좀 처리해줘"라는 말만 하는 것이 아니라 그 업무가 무엇을 위함이며 누가, 어떻게 사용할지에 관한 배경까지 확실히 공유해야 한다는 점이다. 그때 부하가 결과물의 이미지를 이해하지 못할 수도 있으므로 미리 예시를 준비해두면 효과적이다.

부하가 만들어온 결과물이 예상과 다르다면 이는 대부분 상사의 책임이다. 전제를 확실히 공유하지 않아 그런 결과가 나왔기 때문이다. 부하의 결과물을 수정하는 일이 사후 처리라면, 배경을 공유하는 일은 사전 처리에 해당한다.

또 능력이 뒤처지는 부하에게는 해당 업무를 처리할 수 있을 정도로 자잘하게 배분하여 진척 상황을 세세하게 확인하고 피드백이나 조언을 반복적으로 해준다. 피드백은 어느 정도 시간이 지난 후에 대략적으로 하지 않고, 그때 그 순간에 하는 것이 중요하다.

지적만 하면 부하의 사기가 떨어질 수 있으므로, 조금이라도 성장한 부분이 있다면 칭찬하면서 필요한 지적과 피드백을 하도록 하자.

반대로 당신이 잘 못하거나 잘 알지 못하는 분야에 **당신보다 나은 기술을 갖춘 부하가 있다면, 업무를 맡기는 것이 좋다.** 세세히 지시하지 말고 일을 완전히 맡겨보자. 이때 처리 방식이나 진행 방식도 맡긴다.

이런 경우에는 세세하게 피드백을 할 필요도 없다. 이따금씩 "○○씨, 그 건은 어떻게 되어 가고 있지?"라고 묻는 정도로 충분하다.

단, 앞에서 말한 두 경우 모두 일만 처리하게 하지 말고 "이번 건을 잘 처리해줘서 고맙네"라며 노고를 치하하는 말을 꼭 해주고, 그 후에도 "부장님이 이해하기 쉬웠다면서 칭찬하더라" 등의 후기도 덧붙여주자. 조언이나 주의 사항이 있다면 칭찬이 끝난 후에 하면 좋다.

이것이 일을 맡기는 방식의 철칙이다. 이것만 의식하고 있어도 부하의 업무 처리 능력은 몰라보게 달라질 것이다.

Point

'직접 처리해야 일을 빨리 끝내 수 있다'는 생각은 착각일 때가 많다. 일을 맡기는 방식에 대한 의식을 바꿔보자.

02 평론만 늘어놓는 30대의 습관을 버린다

> 30대까지는 순조롭게 승진했지만, 40대에는 그러지 못하는 사람이 있다. 그 원인을 파악하면 지금 무엇을 해야 할지 보인다.

✅ 평론가 유형은 40대에 침체에 빠지기 쉽다

30대에는 뛰어난 리더였는데, 40대가 되니 침체에 빠진 것 같다고 말하는 사람을 수없이 봤다. 이는 **30대에 필요한 리더십과 40대에 필요한 리더십에 큰 차이**가 있기 때문이다.

건강 측면에서 생각해보면, 40대가 되면 눈에 띄게 체력이 떨어지는 것을 스스로 깨달을 수 있지만, 리더십에는 이렇다 할 자각 증상이 없어서 깨닫지 못한 채 벽에 부딪히는 사람이 많다.

S씨의 이야기를 타산지석으로 삼아 40대에는 회사에서 어떻게 해야 하는지 깨달음을 얻자. S씨는 뛰어난 능력을 인정받아 30대에 가장 먼저 팀장으로 발탁되는 등 큰 기대를 받았으나, 40대에 접어들면서 급속히 평판이 떨어졌다.

그 이유는 경영진이 느낀 위화감 때문이었다.

S씨는 젊은 시절 종종 경영진에게 현장이나 부하들의 불만을 대신 토로하며 해결해달라고 직접 담판을 짓고는 했다. 젊은 시절에는 이런 행동이 현장의 의견을 거리낌 없이 말해준다며 높은 평가를 받았지만, 40대가 되자 '그 정도 위치면 불만을 토로할 것이 아니라 해결책을 가져와야 할 것 아닌가', '이건 마치 노사 협상과 다를 바 없지 않은가'라는 생각이 경영진 사이에서 생겨났다.

핵심은 '무엇을 목표로 일을 하는가'다. 젊은 시절이라면 현장 책임자로 윗사람에게 압력만 넣어도 호평을 받고 부하들도 그에 따른다. 하지만 40대가 되면 결과에 대한 책임까지 져야 한다.

특히 달변가일수록 이런 평론가 유형이 되기 쉬우므로 주의해야 한다.

☑ 40대에는 책임이 따르는 리더십이 필요하다

30대의 리더십과 40대의 리더십의 차이를 한마디로 정리하면

'재량과 책임'이라고 할 수 있다. 30대는 리더라고 해도 그 위에 또 다른 책임자가 있는 경우가 많다. 즉, 제약은 많지만 막중한 책임을 질 필요가 없는 셈이다. 실질적으로는 리더라고 해도 책임자를 지원하는 서브 리더, 리더 수습생에 가깝다.

하지만 **40대에는 재량과 책임이 따르는 리더십이 필요하다.** 본인이 원하는 대로 일을 진행할 수 있는 대신에 결과에 대한 책임을 져야 한다. 다시 말해 미리 의논한 사항이든 아니든 간에 결과를 내야 한다는 뜻이다.

30대라면 현장에서 일어난 문제를 상사나 책임자에게 보고하는 일 또한 중요한 업무다. 하지만 40대가 되면 조금 더 거시적인 관점, 높은 눈높이에서 문제가 일어난 원인을 분석하고 그 해결책까지 제안할 수 있어야 한다.

언제까지고 평론만 늘어놓아서는 안 된다.

☑ 하고 싶은 일을 실천한다

한 가지 더 전하고 싶은 이야기가 있다. 40대에는 재량과 책임이 따르지만, **책임감을 느끼면서 자신이 하고 싶은 일을 할 수 있는 시기이며 그 시기는 생각보다 짧다**는 점이다.

20대나 30대는 수많은 제약과 속박에 휩싸여 자유롭게 일할 수 없는 시기이기도 하다. 그 당시에 '내가 저 자리에 오르면 이런 방식으로 바꿔야지'라거나 '이런 도전을 해보고 싶다'며 아쉬워한 사람도 많을 것이다.

하지만 자유롭게 일을 진행할 수 있게 되자마자 가위에 눌린 것처럼 두려움 때문에 아무것도 할 수 없는 상태가 되고 만다.

그래서 후회했던 선배를 수없이 봤다. 그러니 하고 싶은 일을 해나갈 수 있도록 실천해보자. 그렇지 않으면 40대가 순식간에 지나가 후회만 남을 것이다.

Point

40대는 생각보다 빨리 지나간다. 평론만 늘어놓는 습관을 버리고, 하고 싶은 일을 해나갈 수 있도록 실천해보자.

03 | 나이 많은 부하를 다루는 능력은 필수다

> 나이 많은 부하는 솔직히 편하게 대하기가 힘들다. 하지만 이 문제를 외면하면 팀을 제대로 이끌어갈 수 없다.

✓ 나이 많은 부하가 없는 회사가 더 위험할 수도 있다

오늘날 40대 직장인은 나이 많은 부하를 대하는 방법을 필수로 익혀야 한다. 기업의 관리직 연수에서도 이 주제에 대한 수요가 많고, 불과 얼마 전에는 "예전 본부장이 정년 후 재고용되면서 부하가 되어 어떻게 대해야 할지 모르겠다"는 상담도 받았다.

　나는 먼저 '나이 많은 부하를 어떻게 대하면 좋을지 모르겠다'는 이야기가 끊임없이 나오는 회사는 좋은 회사인 경우가 많다는 점을 이야기하고 싶다.

사실 이런 이야기가 나오지 않는 회사도 더러 있다. 그런 회사는 대부분 베테랑 사원을 해고했거나 회사 계열사나 거래처 등으로 파견시켜 나이 많은 부하가 생길 일이 없다.

충분히 활약할 수 있는 인재를 이렇게 강제로 배제한다니, 아무리 생각해도 유감스러울 따름이다. 이렇게 막무가내로 조직을 운영하지 않고 고용에 대한 책임을 다하려고 해야만 나이 많은 부하가 생길 수 있다.

나이 많은 부하를 두는 것이 아무리 좋은 운영 방식이라고 해도 그들을 어떻게 대해야 할지 고민하는 사람들을 위해 5가지 대처 방식을 소개하고자 한다.

① 항상 경어를 사용한다

회사에서는 부하지만, 인생에서는 선배다. 경의를 가지고 대해야 하며, 경어를 사용하는 것은 물론이고 업무 시간이 끝나면 부하로 대하지 않도록 한다.

또한 팀의 모든 부하에게 이 내용을 공유한다.

② 기대하는 바와 원하는 바를 명확히 전달한다

기대하는 바와 원하는 바를 명확히 전달하는 것도 중요하다. 지나친 배려는 오히려 실례가 될 수 있다.

'새로운 기술은 잘 익히지 못하겠지', '체력적 한계가 있겠지'라며 멋대로 판단할 것이 아니라, 그 사람만의 강점을 찾아내 그런 능력이 필요하다고 이야기해보자.

예를 들면 "○○씨께서는 신규 고객 개척 경험과 훌륭한 노하우가 있으시잖아요. 젊은 사원들은 처리하기 힘든 부분이니 힘써주시기를 부탁드립니다"라고 말하는 것이다.

③ 상담 형식을 이용한다

지시나 명령이라는 형식을 취하면, 나이 많은 부하의 자존심에 상처를 입힐 수 있다.

그러면 나이 많은 부하는 면종복배(겉으로는 복종하는 척하지만, 속으로는 반대한다는 뜻–옮긴이)할 뿐만 아니라, 부정적인 감정을 팀 전체에 전염시켜 딱딱한 분위기의 직장이 돼버린다.

그런 상황을 피하려면 '~하면 어떨까요?' 등의 상담 형식으로 이야기를 해보자. "A사의 안건은 B씨의 예전 기술을 살릴 수 있을 거 같은데 어떠신가요?"라는 상담 형식으로 부탁해보는 것이다.

④ 업무 처리 방식에 대해 자기 결정권을 준다

무슨 일을 시킬지는 내가 정하더라도 그 업무를 처리하는 방식에 대해서는 당사자의 의사를 존중하자. "처리 방식은 B씨가 잘 아실 테니 전적으로 맡기

겠습니다"라는 식으로 말하는 것이다.

그러면 당사자에게 책임 의식이 생겨 일할 동기를 불러일으킬 수 있다.

⑤ 회사에 어떤 족적을 남기고 싶은지 묻는다

회사에 오랫동안 몸담은 사람이라면 누구나 회사에 어떤 족적을 남기고 싶어 한다.

그러므로 평가 면담 등의 격식을 차린 자리에서 '회사에 무엇을 남기고 싶은지' 물어보기 바란다. 바로 답하지 못하더라도 상관없다. 당사자에게 가장 의욕 넘치게 일했을 때를 떠오르게 하여 자연스레 무엇을 해야 할지 생각할 수 있기 때문이다.

Point

나이 많은 부하가 있는 것은 좋은 회사라는 증거다. 경의를 갖추어 대하고, 최대한 능력을 발휘할 수 있도록 돕자.

04 | 직원보다 관리자로서 해야 할 일을 우선한다

> 요즘은 대부분의 중간 관리직이 관리자 겸 직원의 역할을 모두 해야 한다.
> 관리자와 직원의 역할 중 어느 쪽에 중점을 두어야 할까?

☑ 관리자와 직원의 역할은 트레이드 오프 관계다

80년대까지만 해도 과장직이라고 하면 전임 관리자가 대부분이었지만, 90년대에 들어선 후부터는 관리자 겸 직원이라는 역할이 당연해졌다. 요즘에는 신입사원부터 부장직까지 관리자 겸 직원의 역할을 수행해야 하며, 중소기업에서는 간부까지 그러는 경우가 적지 않다.

당연하게도 많은 중간 관리직이 관리자와 직원의 역할 사이에서 어디에 서야 할지 고민하게 되었다.

팀의 실적을 위해, 직원들에게 모범을 보이기 위해 직원으로서 해야 할 역할에 중점을 두면 관리자로서 해야 할 업무가 뒷전으로 밀리게 된다. 그렇게 되면 팀은 항상 불안정한 경영 상황에 내몰려 직원들의 성장까지 더뎌진다. 또한 실적이 더욱더 악화되고 눈앞에 놓인 문제에 대응하느라 쫓겨서 경영 관리를 할 수 없는 악순환에 빠지게 된다.

반대로 관리자로서 해야 할 역할에 과하게 중점을 두면 직원으로서 해야 할 업무가 정체되거나 업무의 질이 낮아질 수 있다. 그 영향으로 실적이 오르지 않으면 부서의 실적은 악화되고 부하에 대한 위엄도 유지할 수 없게 된다.

이 트레이드 오프 관계의 딜레마를 어떻게 극복하면 좋을까?

☑ 부하와 실적을 겨루는 상사는 최악이다

내가 접한 많은 선배도 이와 같은 고민을 했다. 하지만 그 해결법은 놀라울 정도로 똑같았다. 결론부터 말하자면 '**직원으로서의 자신을 버려라**'는 것이다.

즉, 직원보다 관리자로서 해야 할 일을 우선해야 한다는 뜻으로, 직원으로서 해야 할 역할을 버린다고 표현할 수 있을 만큼의 사고 전환이 필요하다.

중간 관리자가 저지르기 쉬운 실수로 자신과 비교하면서 부하를 관리하는 것이 있다. 직원으로서 뛰어난 중간 관리자일수록 자신과 부하의 업무를 비교하고는 한다. 그리고 "어째서 나처럼 하지 못하는 거야?", "나는 이만큼의 실적을 냈는데 왜 이렇게 못하는 거지?"라며 훈수를 두려고 한다.

그러다 보면 부하는 '그러면 당신이 다 하면 되겠네'라는 반발심을 품고 의욕까지 잃고 만다. 그리고 결국 관리자는 악화된 실적을 수습하는 데 힘을 쏟게 된다.

일단 **자신이 직원이라는 사실 자체를 잊어보자.** 지금 부하가 담당하는 업무는 자신이 지금까지 해본 적 없는 일이라고 생각해야한다. 그러면 어떻게 해야 부하가 의욕적으로 일하게 될지 생각하게 된다. 그것이 바로 부하의 힘을 끌어낼 수 있는 가장 중요한 핵심이다.

☑ 부하에게 가르침을 받으려는 자세를 취한다

기술자 집단인 소니에서 문과 계열 출신으로 정상까지 오른 이데이 노부유키 씨에 따르면, 기술자 집단을 원하는 대로 움직이려면 스스로 철저히 공부하면서 젊은 사원에게 가르침을 받으려는 자세가 중요하다고 한다. 아무리 공부한들 전문가를 당할

재간이 없다. 하지만 상대에게 경의를 표한다면 자신보다 기술력이 떨어지는 상사를 하찮게 여기지 않고 원하는 대로 움직여 줄 것이다.

당신도 이처럼 부하에게 '가르침을 받는다'는 자세를 취해보면 어떨까? 부하의 이야기를 잘 들어보면 당신이 절대로 생각하지 못할 훌륭한 아이디어가 있을지도 모른다.

최악은 부하와 실적을 두고 경쟁하려는 관리자다. 그런 상사가 있으면 부하는 의욕을 잃고 팀은 붕괴한다.

지금 관리직에 있는 사람은 현장 업무로 성공을 거둔 사람이 대다수일 것이다. 그렇다 보니 직원으로서 해야 할 일을 손에서 놓지 못하고 침체해가는 사람을 수없이 봤다. 당신은 이런 전철을 밟지 않기를 바란다.

☑ 관리자의 시간을 사수한다

하지만 직원에서 관리자로 모드를 변경하는 일은 그리 간단하지 않다. 애초에 자신이 직원으로서 해야 할 임무를 성실히 다해야만 목표를 달성하는 경우가 많기 때문이다.

그렇다면 적어도 **직원과 관리자로서의 시간을 구분**하는 것만이라도 해보자. 직원으로서 해야 할 업무와 관리자로서 해야 할 업무를 처리하는 시간을 정해서 관리자의 시간에는 직원으로서 해야 할 업무를 절대 끌어들이지 않는다.

예를 들면, 월수금 오전은 관리자의 업무를 하는 시간으로 정하고 일정표를 채운다. 직원으로서 해야 할 업무가 아무리 바쁘더라도 그 시간만은 관리자 모드에 철저히 몰입한다.

또 부하에게도 그 취지를 미리 밝히는 것이 좋다. 상사가 자신의 업무로 바빠 보이면 부하도 무심결에 상담하기 힘들다고 느낄 것이다. 하지만 시간이 정해져 있으면 해당 시간만큼은 안심하고 상담할 수 있게 된다.

중간 관리자가 저지르기 쉬운 또 다른 실수로 직원으로서 해야 할 업무에 전력을 다한 후 여유가 생겼을 때 관리자 업무를 처리하는 것이 있다. 그러다 보면 직원으로서 해야 할 업무가 바빠서 관리자 업무를 처리하지 못하게 되거나, 관리자 업무를 처리하지 못하는 사이에 문제가 발생하여 손쓸 수 없는 상황이 벌어지게 된다. 그러므로 **관리자 업무는 정기적으로 시간을 확보하여 처리해야만 한다.**

하지만 관리자 업무를 처리할 수 없을 정도로 바쁠 때가 있을 수도 있다. 그럴 때마다 예외를 두면 관리자의 시간이 유명무실해질 수도 있다. 따라서 기준을 세워 '일주일에 1회'는 관리자의 시간에 직원으로서 해야 할 업무를 한다는 식으로 정해두는 것이 좋다.

일정표에서 관리자의 시간을 확보한다

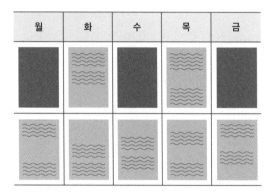

그래도 직원과 관리자의 역할 중에서 우선순위를 정하기 힘들다면, 관리자로서의 역할을 우선으로 두자. 그러는 편이 당신에게 중장기적으로 도움이 된다.

Point

직원과 관리자로서의 업무를 동시에 처리하기는 불가능하다. 일단 자신이 직원이라는 사실을 잊어보자.

05 │ 중간 관리자의 위치를 기회라고 생각한다

> 중간 관리자는 회사와 부하 사이에 끼어있는 존재다. 중간자의 위치에서
> 어떻게 하느냐에 따라 앞으로의 인생이 크게 달라질 것이다.

☑ 중간자의 위치에 서 있는 40대

내가 영업 사원이었던 시절의 이야기다. 필사의 노력 끝에 목표
를 달성한 적이 있었는데, 그때 회사에서 "다음 분기에는 50퍼
센트를 더 향상하라"는 지시가 내려왔다. 나는 '이 회사는 무슨
생각을 하고 있는 거야'라는 생각이 들며 정나미가 떨어졌다. 상
사에게 토로해보았지만 "그 지시는 모두를 향한 회사의 기대감
을 나타내는 거니까"라고 말할 뿐이었다.

지금 생각해보면 당시 상사도 회사에서 제시하는 목표가 말도 안 되는 것이라고 생각했을 것 같다. 또한 부하들의 불만도 충분히 이해하고 있었을 것이다. 그야말로 이도 저도 하지 못하는 중간자였던 셈이다.

대부분의 40대가 이런 중간자의 위치에서 곤란을 겪고 있을 것이다. 나는 이들에게 "**40대에 중간자가 되는 것은 당연한 일이며 일상이다**"라는 것을 먼저 말해주고 싶다. 한번 생각해보자. 윗사람이 내린 방침이 아무 저항 없이 아랫사람에 전달되고, 아랫사람의 생각이나 불만이 원활히 윗사람에게 전달된다면, 그 중간에 있는 당신은 아무런 존재 의미가 없다. 중간자의 역할은 40대에게는 흔한 일이며, 자신의 존재 의미를 발휘해야 하는 순간인 셈이다.

☑ 상사와 부하 사이에서 가교 역할을 잘한다

이제 중간자가 되었을 때 당신이 해야 할 일이 보일 것이다. 바로 **상사와 부하의 가교 역할**이다.

앞서 이야기한 것처럼 회사의 지시를 부하에게 전달할 때는 목표를 높게 설정한 이유 등을 구체적으로 설명해야 한다.

상사가 먼저 설명해주어야 마땅하지만, 빠트리는 경우도 상당히 많다. 상사의 설명이 없으면 본인이 직접 확인해야 한다.

"이 분야는 앞으로 성장이 기대된다"거나 "유력한 신제품이 발매될 예정이다"라는 등의 명확한 이유가 있으면 가장 좋다. 명확한 이유가 아니더라도 "다른 부서에서 이익을 기대할 수 없으므로, 자네들이 힘써줄 수밖에 없는 상황이다"라고 말하는 것이 이유를 대지 못하는 것보다 낫다.

상사가 이유를 명확히 설명하지 못할 때는 본인이 알기 쉽게 설명하거나 상상해서라도 이유를 대야 한다. "윗사람이 한 말이니까 토 달지 말고 그냥 하라"는 식으로 밀어붙여서는 안 된다.

물론 부하가 항상 납득하리라는 보장은 없다. 하지만 이때 부하의 말에 동조하며 "나도 그렇게 생각해. 이런 목표는 말도 안 되지"라는 등의 말을 입 밖으로 꺼내서는 안 된다.

순간적으로 연대감이 생길지는 모르지만, 결국 목표가 바뀌지 않는다면 그 연대감은 순식간에 실망감으로 바뀌고 만다. 게다가 상사마저 말도 안 된다고 생각하는 목표를 달성할 수는 없다며 포기 모드에 들어가게 된다. 이럴 때는 "여러분의 마음을 충분히 알고 있다" 정도로 마무리하자.

단, 상사에게 절충하려는 모습을 보이는 것도 중요하다. "목표를 이루기 위해 노력할 테니 대신 경비도 이 정도는 쓰게 해달라"는 등 조금이라도 좋은 조건을 끌어내자.

✅ 긍정적인 생각을 심어줌으로써 의욕을 높인다

목표를 설정한 배경이나 이유를 공유한 뒤에는 그 목표를 달성하기 위한 방법을 의논하자. 아무리 어려운 목표라고 해도 '이렇게 하면 가능할 것'이라는 '긍정적인 징조'만 찾아내도 단숨에 팀 전체에 동기를 부여할 수 있기 때문이다. "A 상품은 특정 가게에서 엄청 많이 팔린다"거나 "B 지사에 엄청난 성공 사례가 있다" 정도만 돼도 된다.

또 과거에 비슷하게 어려운 목표를 달성한 성공 체험을 들려주며 '가능성이 있다'는 긍정적인 생각을 심어주는 방법도 효과적이다.

현재 조직의 최정상에 있는 사람은 대부분 한때 중간자의 위치에서 일한 경험이 있다. 그러니 자신의 실력을 발휘하여 윗사람에게 어필하는 기회로 삼아보자.

Point

40대에 중간자라는 역할은 흔한 일이다. 상사와 부하 사이에서 잘 조율함으로써 자신의 능력을 어필하는 기회로 삼자.

돈에 대한 후회 ③

저금이 늘지 않는 이유는 무엇일까?

A씨는 1억 원 정도의 연봉을 받고 있으며, 그의 아내도 큰 금액은 아니지만 함께 일하며 가계에 보탬이 되고자 노력하고 있다. 그런데 문제는 돈이 잘 모이지 않는다는 점이다.

그래서 A씨는 돈에 대한 발상을 과감히 바꾸기로 했다. '수입 - 지출 = 저금'이 아니라 '수입 - 저금 = 지출'로 생각하고, 수입에서 저금할 돈을 뺀 예산 안에서 생활을 즐기기로 한 것이다.

구체적으로는 연간 3,000만 원을 저축하는 것을 목표로 삼고, '연간 3,000만 원 저금 계획'이라는 슬로건까지 만들었다. A씨 부부의 연간 실수령액은 약 8,300만 원이므로 남은 5,300만 원으로 생활해야 한다는 뜻이다.

생활비로 사용하는 모든 항목에 각각 얼마가 필요한지 계산해보고 예산을 설정했다. 그리고 그 예산 안에서 지출할 수 있도록 연구했다.

A씨는 이 방법을 통해 지금까지 얼마나 쓸데없는 곳에 소비해왔는지 알 수 있었다. 그리고 쓸데없는 소비를 줄이는 것만으로도 보너스 1회 분량의 돈이 생긴 것을 보며 '티끌 모아 태산이다'라는 말을 실감할 수 있었다.

이런 노력을 거듭한 결과, 10년 후에는 3억 원의 돈을 모을 수 있었다.

이 일화는 40대에게 필요한 '돈을 다루는 방식'을 알려준다. 30대까지는 '수입 - 지출 = 저금'이라는 방식으로 어떻게든 살 수 있었지만, 돈이 더 필요한 40대부터는 '수입 - 저금 = 지출' 방식으로 발상을 바꿀 필요가 있다. 그 방법만으로도 놀라울 정도로 돈을 모을 수 있다.

하지만 생활비를 절약하는 방식이 맞지 않는 사람도 있을 수 있다. 그렇다면 부업 등을 통해 수입을 늘리는 방식도 있다.

이 방식에서 가장 중요한 점은 '쓸데없는 곳에 돈을 사용하지 않는다'는 것이다. 이 점만은 잘 기억하자. 일과 경력뿐만 아니라 돈에 관해서도 30대와 40대는 차이가 있다.

제 **4** 장

40대의
사생활 관리

01 | 일과 삶 중에서 삶에 중점을 둔다

> 일과 삶의 균형이 중요하다는 사실은 누구나 알고 있다. 문제는 이를 어떻게 실현할 것인가다. 그러려면 어떤 마음가짐이 필요할까?

✅ 40대가 일과 삶의 균형을 잡기는 무리일까?

일본이 일과 삶의 균형에 집중한 지 10년 이상 지났다. 좀처럼 진척이 없던 개혁이었지만, 가까스로 '야근을 하지 말라고 권장하는 날이 아니라도 정시에 퇴근해도 좋다'는 의식이 스며들게 되었다. 지금의 코로나 시대가 이런 움직임을 더욱더 가속하고 있다고 할 수 있다.

이 업무 처리 방식 개혁에 대해 20~30대는 스스럼없이 받아

들이지만, 50대 이상은 좀처럼 바뀌지 않고 바꾸려 하지 않는 사람도 많은 것이 현실이다. 더 힘든 세대는 그 중간에 끼어있는 40대로, 일과 삶의 균형이 중요하다는 것은 알지만 좀처럼 바꾸기 힘들어서 고민하는 사람이 많다.

실제로 40대에는 매우 바빠서 일과 삶의 균형을 잡으려는 흉내조차 내기 힘들다. 그래서 추천하고 싶은 방법이 있다. 바로 '일단 삶에 중점을 두라'는 것이다.

☑ 내가 없으면 안 되는 일은 거의 없다

예를 들어 취미에 중점을 두고 싶다면 취미 시간 확보를 최우선으로 한다. 업무 일정보다 먼저 취미 일정을 계획해보자.

앞서 언급한 외식업 종사자인 I씨는 40대에 취미인 등산에 중점을 두었다. 어떤 사람은 가정불화 때문에 아내와의 시간을 최우선으로 두기도 하고, 또 어떤 사람은 야근에서 벗어나 매일 퇴근 후에 경영 대학원을 다니기도 한다.

처음에는 실천하기 힘들어했지만, 결국에는 모두 보란 듯이 일과 삶의 균형을 잡아갔다.

나는 아이가 태어난 일이 계기가 되었다. 아이가 태어났을 때 "일과 골프는 언제든지 할 수 있지만, 육아는 지금만 할 수 있다"는 아내의 말 한마디가 설득력이 있어서 일단 '삶'에 최대한 중점을 두기로 마음을 먹었다.

그 계기로 야근도, 취미인 골프도 모두 그만두었다. 그리고 목욕 시키기, 분유 먹이기, 책 읽어주기, 산책하기 등 가능한 한 육아에 시간을 소비했다.

그때 처음으로 평소에 얼마나 쓸데없는 데 시간을 쏟았는지 깨달을 수 있었다. 그리고 **필요한 일에만 집중한 결과, 업무 속도가 2배로 빨라지고 생산성도 높아졌다.**

'내가 없으면 일이 제대로 돌아가지 않는다'는 생각은 쓸데없는 걱정에 불과했다. 고문 업체와 미팅하고 있을 때 "아이를 씻기는 시간이라서"라며 자리를 잠시 비웠을 때도 아무런 문제가 일어나지 않을 정도였다.

즉, '삶'에 중점을 두고 나서야 비로소 일과 삶의 균형이 실현되는 셈이다. 일에만 중점을 두는 방식으로 경력을 쌓은 40대 이상의 사람은 **일단 '삶'에 최대한 중점을 두지 않으면 이내 '일'에만 중점을 두는 방식으로 되돌아갈 것이다.**

☑ 이상적으로 생각하는 삶의 모습을 적어본다

사람에 따라 '인생에서 소중한 것은 무엇인지', '무엇을 했을 때 기분이 좋은지'가 다르다. 우선 그 상태를 머릿속에 그려보자.

그리고 어떤 형태로든 적어보는 것이다. 손글씨든 컴퓨터를 이용하든 상관없으니 삶에 중점을 두는 이상적인 생활을 머릿속에 그려보고 일정에 넣자.

'매일 17시에 퇴근해서 기타 연습을 하겠다'는 생각이 처음에는 절대 불가능할 것처럼 느껴질 수 있다. 하지만 그 생각을 눈에 보이는 형태로 써두면 어쩌면 가능할 수도 있겠다는 생각으로 바뀐다. 그리고 시험 삼아 한 달 만이라도 좋으니 실천해본다. 그것이 중요하다.

앞서 말했듯이 일뿐인 인생으로 정년을 맞이하는 것만큼 비참한 일도 없다. 일시적으로라도 '삶'에 최대한 중점을 두는 것이 인생의 주도권을 회사나 조직에서 '자신'으로 되돌리는 첫걸음이다.

Point

한 달만이라도 삶에 최대한 중점을 두자. 이것은 인생의 주도권을 자기 스스로 쥐기 위한 첫걸음이다.

02 | 가정의 사소한 변화를 놓치지 않는다

> 40대의 이혼율이 높은 이유는 무엇일까? '나는 괜찮다'고 생각했던 사람에게도 사실은 보이지 않는 위기가 진행되고 있을 수 있다.

✓ 40대의 이혼은 왜 일어날까?

나는 40대였을 때『일하는 당신을 위한 결혼 사용 설명서』라는 책을 냈다. 어째서인지 당시에 주변에서 이혼하는 사람이 많아 평균 이혼 횟수가 1회 이상일 정도였다(한 사람이 여러 번 이혼하기도 해서). 그들의 이야기를 들어보면 여러 가지로 생각하게 되는 부분이 있어서 한 권의 책으로 정리한 것이다.

일본인 부부 3쌍 중 1쌍은 이혼한다고 하니, 비단 내 주변이 아니라도 이혼 경험자가 많을 것이다. 40대의 이혼율은 30대 다음으로 높다고 한다.

물론 이혼할지 말지는 개인의 자유다. 하지만 이야기를 들어보고 안타까웠던 점은 **아주 사소한 일이 먼지처럼 쌓여서 결국 이혼에 이르는 경우가 많다**는 사실이었다. 다시 말해 먼지가 켜켜이 쌓이기 전에 청소를 하면 이혼에 이르지 않을 수 있다는 뜻이다.

'이혼은 결혼보다 어렵다'고 말하듯이 이혼에는 상당히 부정적인 에너지가 할애된다. 인생에 있어 중요한 40대를 이혼 때문에 망치지 않도록 기혼자에게 최소한 '이것만큼은 하라'고 전하고 싶은 방법이 있다.

☑ 이혼을 피하는 방법

이혼 사유 중 가장 많은 것이 성격 차이다. 많은 이혼 경험자에 따르면, 성격 차이는 어떤 한 사건으로 느끼게 되는 것이 아니라 가사 분담, 금전 감각, 육아에 관한 생각, 목욕 방식, 수건 사용법, 인사, 대답 방식, 표현 부족에 대한 사소한 불만이나 엇갈림이 쌓이고 쌓이다 어느 날 폭발하는 것이라고 한다.

즉, 의사소통이 부족해 생기는 셈이다. 결혼 후 10년 이상 지나면 대화 내용도 비슷해지고, 따로 말을 하지 않아도 상대방에게 전달될 것이라고 착각하기 쉬운데, 그것이 큰 오해를 불러일으킬 수 있다.

첫 번째 결혼에서 실패한 U씨는 그야말로 사소한 문제가 쌓여 이혼에 이르게 된 탓에, 두 번째 결혼에서는 가정에서 일상적인 의사소통에 항상 주의를 기울였다고 한다. 그때 의식한 부분이 **평상시와 다른 부분을 찾아내고, 일찍 귀가한 후에 그것을 소재로 삼아 대화를 시도한 점이다.**

머리 모양이든, 세탁물 건조 방식이든, 현관에 늘어선 신발이라도 좋으니 평상시와 다른 부분을 찾아 그것을 소재로 삼아 이야기해보자. 그러면 대화가 끊이지 않아 자연스레 더 많은 이야기도 쉽게 꺼낼 수 있는 분위기가 조성된다.

가정의 변화를 찾아내는 것 외에도 의사소통을 할 때 다음과 같은 방법을 써도 좋다.

1. 상대가 기뻐할 만한 화제를 꺼낸다.
2. 사소한 질문을 던진다.
3. 공통된 화제를 꺼낸다.

상대가 기뻐할 만한 화제를 꺼낸다는 것은 상대의 비위를 맞추려는 행동과는 다르다. 상대가 좋아하는 것, 관심이 있는 분야와 같이 좋아할 만한 화두를 꺼내는 것이 핵심이다. 취미, 요리, 친구 등 다양한 소재를 준비하자.

사소한 질문을 던진다는 것은 시사든, 일반적인 이야기든, 지인이든, 이웃이든, 무엇이든 소재로 삼아도 된다. 찾아보면 대화 소재는 무한할 것이다.

마지막으로 공통된 화제 또한 아이, 부모님, 반려동물, 가족 행사 등 무수히 많다.

하지만 가장 강력한 방법은 변화를 찾아내 발견한 소재다. 변화를 찾아내려면 상대에게 관심을 가져야만 한다. 관심을 두는 것만큼 상대를 향한 최고의 의사소통은 없다.

Point

가정의 변화를 찾아내고, 그것을 소재로 삼아 대화하는 것부터 실천해 보자.

03 | 주말을 6등분하여 활용한다

많은 사람이 가장 후회하는 것 중 하나가 40대에 주말 시간을 좀 더 효율적으로 사용하지 못한 것이다.

☑ 50대 이후에 가장 후회하는 것은?

50대 이상의 많은 사람에게 이야기를 들으며 알게 된 것이 있다. 바로 '40대 때 주말 시간을 조금 더 효율적으로 사용하면 좋았을 텐데'라며 후회하는 사람이 상당히 많다는 사실이었다.

평일에 일을 할 때는 '최선을 다했다'고 느끼는 사람이라도 주말 시간만큼은 '조금 더 효율적으로 사용하면 좋았을 텐데'라며 후회하는 셈이다. 아무래도 일에 전력을 다하다 보니 오히려 주말에는 빈둥거리며 시간을 보내게 되어 만족하지 못하는 것이다.

나는 당시 한 선배에게 주말을 효율적으로 보내는 방법을 배워 실천해왔다. 그것은 바로 주말을 6등분하는 방법이다. 자세한 내용은 다음과 같다.

☑ 주말을 6등분하면 시간을 효율적으로 사용할 수 있다

우선 토요일과 일요일을 각각 오전, 오후, 밤으로 3등분한다. 그러면 6개의 시간이 생긴다. 그 후에 하고 싶은 일, 해야 할 일을 그 시간 안에 넣어보자.

예를 들면 토요일 오전에는 휴식 취하기, 오후에는 세탁이나 청소, 장보기와 같은 집안일하기, 밤에는 가족과 함께 보내기, 일요일 오전과 오후에는 가족과 외출하기, 밤에는 공부하기 등으로 일정을 짤 수 있다.

어떠한가? 주어진 시간은 변함이 없지만, **휴일을 이틀이 아니라 6개의 시간으로 나누어 계획하면 다양한 일을 할 수 있게 되는 듯한 기분이 들 것이다.**

게다가 휴일에 낮까지 빈둥거리던 것을 '휴식 취하기'로 정의하여 마치 가치 있는 시간을 보낸 것처럼 생각할 수 있으니, 이 얼마나 좋은 방법인가.

주말을 6등분한다

	오전	오후	밤
토요일	휴식 취하기(늦잠 자기)	집안일하기	가족과 보내기
일요일	가족과 외출하기	가족과 외출하기	공부하기

휴일을 이틀이 아니라 6개의 시간으로 나누면 더 많은 일을 할 수 있게 된다!

'주말을 효율적으로 보내지 못했다'는 후회는 '의미 없는 시간을 보냈다'는 후회로 이어질 수 있다. 다시 말해 무엇을 하기 위해 시간을 보냈는지 정의하면 모든 시간에 의미가 생기는 셈이다.

휴일이 불규칙한 사람이나 주 1일인 사람은 하루를 3등분해 보자. 그것만으로도 충분히 효과가 있을 것이다.

☑ 월요병에 대처하는 방법

앞서 주말을 6등분하는 방법은 한 선배가 알려준 것이라고 했는데, 엄밀히 따지면 그 선배의 방법과는 약간 차이가 있다. 사실 그 선배가 알려준 방법은 일요일 저녁이 되면 우울해지는 월요병을 대처하는 방법으로 '일요일 밤에 시간을 확보하여 월요일에 해야 할 일을 조금 해두면 좋다'는 것이었다.

실제로 이 방법을 써보면 알겠지만, **일요일 밤에 조금이라도 일을 해두거나 업무 관련 책을 읽기만 해도 마음이 조금 가벼워진다.** 월요병으로 고민하는 사람은 꼭 실천해보기를 추천한다.

나는 40대 때 주말에 계획 없이 오랜 시간 일을 하곤 했다. 하지만 선배의 말을 듣고 난 후에 '정해놓은 시간 동안만 일해보자'는 아이디어가 떠올랐고, 그럼으로써 계획적으로 시간을 쓸 수 있다는 사실을 깨달았다. 그렇게 탄생한 방법이 바로 '주말을 6등분하는 것'이다.

주말에 어쩔 수 없이 일해야 하는 사람이 있다면, 6개의 시간 중에 '이 시간에만 일하겠다'고 정해보자. 그리고 남은 시간을 효율적으로 활용하면 분명 후회하지 않는 주말을 보낼 수 있을 것이다.

Point

주말을 6등분하여 일정을 짜면 충실히 보낼 수 있는 시간이 늘어난다.

04 | 하루에 한 번은 아이와 함께 식사한다

40대에는 일이 바빠 아이와 함께 시간을 보내기 어려워 고민하는 사람이 많을 것이다. 어떻게 하면 일과 육아라는 두 마리 토끼를 잡을 수 있을까?

✅ 어느 부부의 후회

나의 지인 U씨는 "결국 우리 때문에 아이를 희생시켰다"며 후회했다.

U씨 부부는 둘 다 교사로, 3명의 아이가 있다. 하지만 맞벌이를 하느라 바빠서 할아버지가 손주들을 돌보는 일이 많았다고 한다. 세 아이를 키우려면 열심히 돈을 벌어야 한다고 생각했기 때문이다. 특히 막내아들은 거의 할아버지가 맡아서 키웠다.

그 아들은 머리가 좋아서 유명 대학교에도 한 번에 붙었지만, 졸업 후에는 소위 말하는 은둔형 외톨이가 되고 말았다고 한다. 아들은 U씨에게 "자신을 희생시켰다"며 끊임없이 책망했고, U씨는 아들을 "제대로 돌보지 못했다"며 후회하고 있다.

이 이야기는 아이가 있는 사람이라면 누구나 공감할 것이다. 특히 바쁜 맞벌이 가정이라면 육아에 필요한 시간을 어떻게 확보해야 할지 큰 고민이 아닐 수 없다.

독립행정법인 노동정책연구·연수기구의 조사에 따르면, 일본의 맞벌이 가정 비율은 2018년에 67.1퍼센트에 달했다. 돈이 가장 많이 드는 40대 가정에서도 상당수의 세대가 맞벌이를 하는 셈이다.

또한 40대 가정의 아이는 보통 사춘기나 시험 등의 이유로 예민하기 때문에 부모와 자식 사이가 멀어지는 경우가 많다. 따라서 이때 시간을 확보하여 아이와 어떻게 마주하느냐에 따라 그 이후 부모와 자식 간의 관계가 결정될 것이다.

⊘ 매일 조금씩 의사소통하는 것이 중요하다

육아를 잘 해내는 사람들이 하나같이 추천하는 방법은 '**하루에 한 번은 꼭 자녀와 함께 식사하기**'다.

가장 좋은 방법은 매일 함께 저녁 식사를 하는 것이지만, 항상 그러기는 쉽지 않다. 그러므로 일찍 퇴근할 수 없는 날에는 아침 식사라도 함께하자. 아무리 짧은 시간이더라도 아이와 마주하며 의사소통하는 것이 중요하다.

매일 얼굴을 마주하다 보면 아이의 변화나 생각을 눈치챌 수 있다. 이미 그 시기를 지나온 많은 육아 선배는 주말에 오랫동안 대화하려 하기보다는 매일 조금씩 대화하는 편이 좋다고 입을 모은다.

이는 부부 관계에도 해당한다. 매일 조금씩이라도 대화 시간을 가지면 부부 관계가 원만해질 수 있다.

✔ 시간이 없을 때 오히려 시간의 밀도가 높아진다

물론 이 방법을 실천하려면 지금보다 더 일찍 귀가하거나 일찍 일어나는 등의 노력이 필요하므로, 언뜻 어렵게 느껴질 수도 있다. 하지만 '이 시간에는 반드시 집에 있어야 한다'고 생각하면 그 외 시간의 밀도가 높아져서 별 무리 없이 실천할 수 있다.

워킹맘인 W씨는 40대 때 매일 아침 4시에 일어났다. 두 아이의 도시락을 싼 후에 집을 나와서 6시까지 출근하는 생활을 계속해왔다. 그 덕분에 업무 시간까지 남은 3시간을 누구도 방해할 수 없는 자신만의 시간으로 확보하여 효율적으로 사용할 수 있었다고 한다. **시간이 없을 때 오히려 시간을 유용하게 사용할 수 있는 좋은 예시다.**

매일 단 10분, 20분이라도 좋다. 그 정도의 시간이라면 어떻게든 낼 수 있을 것이다. 그 시간을 확보할 수 있는지에 따라 가족의 일생이 결정된다고 해도 과언이 아니다.

Point

육아를 잘 하려면 매일 조금씩이라도 아이와 함께하는 시간을 갖자.

05 | 5가지 페르소나를 만든다

'정년 후에 취미가 없으면 괴롭다'는 말을 자주 들을 수 있는데, 실은 취미의 유무가 현재의 업무에도 영향을 미친다면 어떻게 할 것인가?

☑ 회사밖에 모르는 사람의 노후는 암울하다

현재 60대 이상은 이른바 회사에 인생을 바쳐온 세대다. 아침부터 밤까지, 때로는 주말에도 일을 하기도 했다. 하지만 그렇게 **회사밖에 모르는 사람일수록 노후에 외로움을 느낄 수밖에 없다.**

올해 75세인 모 상사의 옛 인사부장과 만났을 때 "40~50대에게 조언해주고 싶은 말은 없으신가요?"라고 물었더니, 망설임 없이 "업무 이외의 시간을 보내는 방법을 미리 알아봐야 한다"

고 말씀해주셨다. 정년 후에 하고 싶은 일이 없다거나 예정된 일이 없다면 마치 고문을 당하듯 괴로울 수 있다.

일에만 치여 살다가 정년을 맞고서야 '정년 후에도 인생은 계속된다'는 사실을 깨닫는 사람도 많다. 그러기 전에 회사 이외에도 자신이 있을 곳이나 즐길 수 있는 취미를 미리 찾아두어야 한다.

물론 말이 쉽지, 실천하기는 어렵다. 안 그래도 바쁜 40대가 직장 외에 자신이 갈 만한 곳을 찾거나 취미에 시간을 할애하는 일은 그리 간단하지 않기 때문이다.

그럴 때는 발상을 전환해보자. '**회사 이외에 내가 있을 곳을 만들어두지 않으면 결국 일도 제대로 풀리지 않는다**'고 생각하는 것이다.

40대라면 일에 정신 상태가 큰 영향을 미친다는 점을 누구나 공감할 것이다. 정신적으로 피폐해지면 업무 효율이 떨어지고 아무리 시간을 들이더라도 성과를 내지 못한다.

심리학자인 우에키 리에 씨는 "정신 건강을 유지하려면 한 사람당 5가지의 페르소나를 갖는 것이 중요하다"고 말했다. 페르소나란 심리학에서는 '자신의 외적 측면'이라는 뜻으로 쓰이지만, 어원은 고전극에서 쓰이던 '가면'을 뜻한다. 여기에서는 '캐릭터'라고 생각하면 이해하기 쉬울 것이다.

즉, **직장인이라는 캐릭터 외에 여러 캐릭터가 있어야 한다**는 뜻이다.

한 조사에 따르면, 마음의 병에 걸리기 쉬운 대표적인 직업은 교사, 전업주부, 종교인이라고 한다. 이 직종은 모두 한 가지 캐릭터를 계속 연기해야 한다는 공통점이 있다. 우에키 씨는 "전업주부라도 아이에게는 엄마, 남편에게는 아내, 밖에서는 여자라는 페르소나가 있어야 정신 건강에 도움이 된다"고 말한다.

☑ 당신에게는 얼마나 많은 얼굴이 있는가?

단, 5가지 페르소나를 만들려면 업무나 가정만으로는 부족하다.

가장 손쉬운 방법은 바로 취미다. 스포츠나 악기 등 무엇이든 좋으니 업무 이외의 페르소나를 지금 당장 만들어보자. 가능하면 혼자서 하는 취미가 아니라 여러 사람과 할 수 있는 취미를 해보자. 예를 들어 『낚시 바보 일지』(일본의 인기 낚시 만화-옮긴이)의 등장인물인 하마사키 덴스케는 평상시에는 출세하지 못하는 인물로 그려지지만, 낚시에서만큼은 '사장을 지도하는 낚시의 달인'이라는 페르소나를 갖는다.

나는 이와 비슷한 인물을 알고 있다. A씨는 탁월한 기술을 갖춘 엔지니어지만 말수가 적다. 하지만 취미인 노래방 모임에서는 미성을 뽐낼 뿐만 아니라 사회까지 맡아 분위기를 띄우는 '노래방 마스터'라는 페르소나로 변모한다. 사장은 "그 캐릭터의 10분의 1이라도 좋으니 업무에서 발휘해주면 좋겠다"고 할 정도지만, A씨는 '노래방 마스터'라는 페르소나가 있기 때문에 정신 건강을 유지하고 주변의 이목을 받는 것이다.

그렇다면 당신에게는 어떤 페르소나가 있는가? 회사원, 남편, 아버지만으로는 부족하다. 기타리스트, 블로거, 주말 강사, 열광적인 아이돌 덕후라도 좋다. 꼭 **5가지 페르소나를 찾기 바란다.**

참고로 앞서 말한 옛 인사부장은 골프가 취미였지만, 10여 년 전에 병에 걸려서 '골프 선수'라는 페르소나를 잃고 말았다. 이렇게 페르소나를 잃을 수도 있으니 페르소나는 많으면 많을수록 좋다.

'업무를 위해서라도 업무 이외에 자신이 할 수 있는 무언가를 만들어두면 좋다'는 생각으로 지금부터 자신만의 페르소나를 꼭 찾기 바란다.

Point

직장인이라는 캐릭터 외에 여러 캐릭터가 있다면 정신 건강에 도움이 될 뿐만 아니라 정년 이후에 풍족한 삶을 누릴 수 있다.

06 | 노화에 맞서는 노력을 한다

누구나 40대가 되면 체력 저하를 느낀다. '나이를 이길 수 없다'며 포기할지, '아직 젊어지고 싶다'며 맞설지에 따라 40대 이후는 크게 달라진다.

☑ 하루 2만 보 걷기로 젊음을 손에 넣은 사장님

40대에는 쉽게 지친다, 살이 잘 찐다, 집중력이 금방 떨어진다 등의 이유로 나이를 실감할 때가 많아진다.

나 또한 이 시기에 대사 기능이 많이 떨어진 탓인지 체중이 10킬로그램 이상 불어나 옷을 모두 바꿔야 했다. 또 시력이 떨어지고 노안이 진행되었다. 이뿐만 아니라 이갈이 때문에 매일 밤 마우스피스를 착용하게 되었고, 탈모도 진행되어 효과도 불

확실한 육모제를 매일 사용하는 처지에 놓였다.

그때부터 나는 노화에 맞서기 위해 필사적으로 노력하고 있다. 왜냐하면 지금까지 만나온 **성공한 사람 대부분이 나이보다 훨씬 젊어 보였기 때문이다.** 그리고 그 외모를 유지하기 위해 노력해온 것을 알고 있기 때문이다.

그 대표라고 할 수 있는 사람이 바로 창업한 회사를 상장기업으로 키워낸 K 사장님이다. 얼마 전에 오랜만에 함께 점심을 먹었는데 74세라고는 믿을 수 없는 젊은 모습에 놀라고 말았다. 어떻게 보더라도 50대로밖에 보이지 않았기 때문이다.

그때 안티에이징을 주제로 이야기꽃을 피웠다. K 사장님은 "40대 때 아무리 바빠도 하루 2만 보 걷기를 멈추지 않았기 때문에 지금도 젊어 보이는지 모르겠다"고 말했다. 50대부터는 무리하지 않기 위해 하루 1만 보로 줄였지만, 아직도 매일 걷기 운동을 한다고 한다.

이 예시를 통해 알 수 있듯이 **걷는 습관은 안티에이징을 향한 지름길이다.**

2만 보 걷기는 극단적일 수 있지만, 리크루트홀딩스의 후배이자 종종 함께 일하는 마라톤 메달리스트 아리모리 유코 씨에 따르면 출퇴근길이나 일상 속에서 에스컬레이터나 엘리베이터만 사용하지 않아도 충분히 운동 효과가 있다고 한다. 또 걷고 있을 때 마지막 100미터만 달리거나 경보로 걸으면서 서서히 운동 강도를 높이는 훈련법도 효과적이라고 한다.

☑ 외모와 비즈니스의 관계를 이해한다

성공한 사람은 왜 나이에 맞서려고 할까? 답은 간단하다. **외모가 비즈니스에 영향을 주기 때문이다.**

당신 또한 누군가에게 물건을 사려고 할 때 나이보다 늙어 보이고 힘이 없는 사람보다는 활기차고 젊어 보이는 사람에게 물건을 사고 싶을 것이다. 유럽의 엘리트 직장인은 시간이 있을 때 헬스장에 가거나 치아 미백을 하는 등 안티에이징에 노력을 쏟는다고 한다. 외모와 비즈니스의 관계를 이해하고 있기 때문이다.

하지만 일본인은 그런 의식이 굉장히 낮은 편이다. 내면이 가장 중요하다는 교육을 받은 탓일 수 있지만, 만약 **같은 내면을 가진 사람이라면 외면까지 좋은 사람이 선택받을 수밖에 없다.**

'이제 와서 그런 노력을 해봤자 소용없다'고 생각할 수도 있지만, 실상은 전혀 그렇지 않다. 최근 몇십 년간 일본인은 아주 젊어졌다.

나의 조모는 61세에 세상을 떠났는데 당시 모습은 누가 봐도 할머니였다. 하지만 현재 이 연령대의 여배우들을 보면 할머니라고 부르기에는 실례라고 생각될 정도로 모두 젊어 보인다.

물론 여전히 할아버지, 할머니라고 부를 수밖에 없는 외모의 60세도 있다.

'이제 늙었으니까'라고 포기할 것인가, '아직 젊어지고 싶어'라며 맞설 것인가? 40대는 그야말로 인생의 전환점에 서 있는 시기다. '나잇값도 못 한다' 따위의 말에 현혹되어서는 안 된다.

마지막으로 어떤 분이 알려준 안티에이징 비결을 소개하고자 한다. 식사와 운동이 중요하다는 사실은 누구나 알고 있지만, 정작 식사할 때 지질과 염분을 줄이는 것이 중요하다는 사실은 모르는 사람이 많다. 식이요법을 할 때 당질을 제한하는 사람도 있는데 당질은 뇌를 비롯한 전신의 에너지원이 되므로 꼭 섭취해야 한다.

Point

젊음을 유지하기 위해 최대한의 노력을 기울이자.

좌절을 극복해낸 40대 ①

실패의 원인을 성공의 열쇠로 삼다

이 칼럼에서는 보통 사람은 따라 하기 쉽지 않지만 시사하는 바가 큰, 40대에 겪은 좌절을 극복해낸 사람의 이야기를 소개하고자 한다.

먼저 E씨의 이야기부터 소개하겠다.

신입사원으로 배정받은 영업부에서는 좀처럼 두각을 나타내지 못했던 E씨였지만, 그 후 배정된 기획부에서는 물 만난 물고기처럼 순조롭게 출세하여 과장이라는 지위를 얻었다.

하지만 여기에서 생각지도 못한 벽에 부딪히고 말았다.

E씨는 상당한 노력파로 자신에게도 매우 엄격한 사람이었지만, 그 부하들에게도 엄격함을 요구했다. 그 정도가 심할 뿐만 아니라, 지시나 확인을 할 때도 매우 꼼꼼히 했던 탓에 부하들은 정신적으로 점점 피폐해져 갔다. 사내에서 'E씨의 부하가 된 사람은 원형탈모가 생긴다'는 조롱을 받을 정도였다.

결국 폭발한 부하들이 인사부에 직접 E씨와는 함께 일할 수 없다며 고발하는 지경에 이르렀다. 회사도 부하들의 하소연을 받아들였고, E씨는 결국 부하들에게 사죄한 뒤 서열에서도 밀려나 전문직으로 옮겨가게 되었다.

E씨가 느낀 좌절감은 매우 컸다. 하지만 그는 중책에서 밀려났을 때 '왜 이런 일이 벌어진 것인가?', '무엇이 잘못된 것인가?'를 철저히 따져보았다.

관리 능력이나 리더십, 동기부여 등에 관한 동서고금의 서적과 문헌, 논문을 섭렵해나갔고 자신의 실패를 되돌아봤다. 그뿐만 아니라 그 분야의 일인자를 찾아가 가르침을 받기도 했다.

E씨의 행동은 연구에 가까울 정도였다. 그런 그를 지켜본 경영자는 그에게 지시를 내려 사내에 연구소를 만들게 했다.

E씨는 자신이 연구한 내용을 바탕으로 관리자로서 실패하지 않기 위한 연수 프로그램을 개발했다. 당초에는 사내용으로 개발한 것이었지만, 지금까지 찾아볼 수 없었던 방식으로 호평을 받으면서 사외에서도 연수를 진행할 수 있었다.

놀라운 점은 그 이후 E씨의 행동이었다. E씨는 자신이 개발한 연수 프로그램의 로열티 계약을 회사와 맺고 퇴사해버렸다.

그 계약금은 연간 5~10억 원에 달하는 상당한 금액이었다. E씨는 퇴사 후 법인을 설립했고 그 안정적인 수입을 바탕으로 고민에 빠진 관리직을 위한 상담 창구를 만들었다.

여담으로 E씨는 굉장한 오디오 애호가였던 탓에 산토리홀의 축소판과 같은 오디오 방을 갖춘 자택 겸 사무소를 신축했다. E씨는 상담할 때 라이브 연주라고 착각할 정도의 고품질 음악을 틀어놓는다고 한다.

그런 섬세한 노력이 E씨의 인생에서 좌절을 극복할 수 있었던 원동력이 되었을 것이다.

제 **5** 장

40대의
시간 관리

01 | 하지 말아야 할 것부터 정한다

일본인의 낮은 노동 생산성에 대한 이야기를 종종 듣곤 한다. 그 원인은 무엇일까?

☑ TO DO 리스트의 문제점

한 조사에 따르면, 일본의 노동 생산성은 이탈리아보다 낮다고 한다. 사생활을 중요시하고 여름 휴가가 한 달이나 되는 이탈리아보다 일본의 노동 생산성이 낮다니, 충격적인 결과가 아닐 수 없다.

일본인의 업무 효율이 이렇게 떨어지는 이유는 무엇일까? 그 근원에 장시간 노동을 좋게 여기는 오래된 관습이 있는 것만은 분명하다. 하지만 나는 일본인의 일반적인 업무 방식이 노동 생산성을 낮춘다고 생각한다.

당신도 사회 초년생일 때 오늘 해야 할 일을 적고 우선순위를 정해서 TO DO 리스트에 반영하는 업무 관리 방법을 배운 적이 있을 것이다. 그리고 많은 사람이 그 방법을 활용하여 지금의 위치에 이르렀을 것이다.

이 방법이 나쁘다고 할 수는 없다. 하지만 **TO DO 리스트를 통한 업무 관리법에는 '해야 할 일이 한없이 쌓인다'는 중대한 결점이 있다.**

어쩌면 당연한 일일 수밖에 없다. 해야 할 일은 끝없이 생겨날 수 있고, 그것을 모두 TO DO 리스트에 넣는다면 일이 끝나지 않는 것은 당연하다.

오히려 40대에는 하지 않아도 될 일 목록, 이른바 NOT TO DO 리스트가 필요하다. 그리고 하지 말아야 할 일을 정해서 정말 해야 할 일만 처리한다. 이것이 이 책의 주제이기도 하다.

이 주제는 내가 진행한 연수 중에서 가장 인기 있는 것 중 하나로, 실제로 해본 사람은 모두 **자신이 얼마나 '하지 않아도 되는 일'을 해왔는지 깨닫고 놀라곤 한다.** 지금까지 해온 업무의 절반이 불필요했던 경우가 대부분이고, 그중에는 하지 않아야 오히려 더 수월하게 처리되는 업무를 열심히 해왔다는 사실을 깨달은 사람도 있다.

이런 반응이 많다는 것은 안타깝지만 일본 기업의 노동 생산성이 낮다는 확실한 증거다.

⊘ NOT TO DO 리스트를 만드는 법

지금부터 NOT TO DO 리스트를 만드는 방법을 소개하겠다.

우선 자신의 업무 흐름을 떠올리고 자신이 하고 있는 일을 모두 적어보자. 그 후에 각각의 업무가 불필요하지는 않은지 검증해보자.

업무를 적을 때는 개인적인 일과 조직적인 일로 나눠서 생각하는 것이 요령이다. 개인적인 일은 자기 혼자 하는 일을 말하고, 조직적인 일은 누군가와 관련된 일을 말한다.

그중에 우선 해결해야 할 일은 개인적인 일이다. 개인적인 일은 자신의 마음가짐에 따라 처리할 수 있으므로 지금 당장 실행할 수 있다. 그래서 효과도 금방 나타난다.

예를 들면 이메일 두 번 읽기(곧바로 답장을 보냈다면 불필요), 종이 자료 정리(컴퓨터에 남아 있다면 불필요), 필요 이상으로 자료 꾸미기 등이 있다.

⊘ 자료 작성과 회의는 되도록 줄인다

해결해야 할 일이 많은 것은 오히려 조직적인 일이다.

그중에서도 '자료'와 관련하여 수많은 쓸데없는 일이 발생한다. 예를 들면 두 번 다시 사용할 일 없는 자료를 정리하는 것, 누구도 보지 않을 의사록이나 업무 보고서를 작성하는 것 등이 있다. 각 관계 부처나 상사에게 "이런 건 없애도 괜찮겠죠?"라고 물어본 뒤 없애는 것이 상책이다.

또 회의에서 의논할 문제를 미리 출력해두는 기업이 많은데, 자료가 있으면 괜히 보게 돼서 이야기를 듣지 않는 사람이 늘어난다. 의논할 문제를 출력하여 배포하는 일을 없애면 수고가 줄어들 뿐만 아니라 회의 집중력도 높일 수 있다.

또 하나 쓸데없는 요소는 바로 '회의' 자체다. 세상은 불필요한 회의로 넘쳐나고 있다. 그중에서도 보고 사항만 듣는 회의나 발언하지 않는 사람이 많은 회의는 시간 낭비나 다름없다.

회의를 없애려면 사전 의논이 필요하겠지만, 무의미한 회의라면 질색하는 사람이 많으므로 의외로 순조롭게 없앨 수 있을 것이다. 하지만 회의에 참여하는 것 말고는 할 일이 없는 직원으로부터 저항을 받을 수 있으니 주의해야 한다.

코로나의 영향으로 회의가 줄어들 줄 알았는데, 이제는 원격으로 쓸데없는 회의를 계속하려는 사람도 있다고 하니 복잡한 문제가 아닐 수 없다.

☑ 하지 않을 수 없는 일은 축소하거나 변경한다

자신의 업무를 모두 적었다면 그것을 점수화한 뒤, 점수가 낮은 것부터 없앨지 검토한다.

업무를 축소하기 위한 질문

다음 질문에 답하다 보면 어떤 업무를 축소할 수 있을지 보일 것이다.

Q 이 회의는 필요한가?

없앨 수 없는가? 횟수를 줄일 수 없는가?
참가자를 줄일 수 없는가? 자료 배포로 끝낼 수 없는가?

Q 이 자료나 보고는 필요한가?

없앨 수 없는가? 이메일 등으로 끝낼 수 없는가?
횟수를 줄일 수 없는가? 출력할 필요가 있는가?
보관할 필요가 있는가?

Q 이것은 온라인화할 수 없는가?

회의. 보고. 출장. 사업 협상. 회람. 결제.

Q 이곳에 이 사람이 필요한가?

회의에서 발언하지 않는 사람.
그저 따라 들어올 뿐인 출장 동행자 등

Q 이것은 자기 부서가 해야 하는 일인가?

Q 이것은 자사가 해야 하는 일인가?

하지 않을 수 없는 일은 축소나 변경하도록 생각해보자. 쓸데없는 회의를 아예 없앨 수는 없더라도 주 1회에서 월 1회로 축소하기, 자료 배포로 대신하기, 정보 공유는 사내 SNS 활용하기 등은 가능할지도 모른다.

또는 '회의 자체가 의미 있도록 바꾸겠다'는 발상을 할 수도 있다. 예를 들면 원격 회의를 30분 단위로 설정하여 효율을 높이기, 아이디어를 내는 회의는 각자 사전에 준비한 후 공유하고 시간도 30분으로 제한하기, 결정이 주된 회의에는 결의권이 있는 사람만 참가하기 등이 있다.

그렇게 하여 쓸데없는 일에 들이는 노력을 정말 필요한 일에 쓴다. 이것이 40대의 시간 관리의 시작이다.

Point

우선 하지 않아도 될 일을 목록으로 만든다. 이것이 40대의 시간 관리의 시작이다.

02 | 자투리 시간을 잘 활용한다

일을 하다 보면 약속 대기 시간이나 이동 시간 등 자투리 시간이 많이 생긴다. 성공하는 사람은 이 시간을 최대한 활용하여 업무 시간을 단축시킨다.

☑ 자투리 시간 10분 동안 아이디어를 낸다

인간이 집중할 수 있는 시간은 15~20분 정도라고 한다. 나도 학창 시절 한 교시에 50분 정도 되는 수업이 매우 길게 느껴졌고 20분이 지나면 집중력이 떨어지고는 했다.

일을 하다 보면 10분 정도의 자투리 시간이 많이 생긴다는 사실을 깨닫고는 한다. 사실은 이 **10분이야말로 바쁜 와중에 최대한의 성과를 올려야 하는 40대에게 생산성을 비약적으로 높여줄 수 있는 마**

법의 시간이다. 아무리 바빠도 티 내지 않으며 계속 실적을 올리는 사람들을 보면 대부분 이 자투리 시간을 능숙히 사용한다는 공통점이 있다.

보통 자투리 시간에 할 수 있는 일로 사무 처리나 이메일 회신 등 비핵심적인 업무를 쉽게 떠올린다. 물론 그것도 나쁘지는 않지만 모처럼 집중력을 높일 수 있는 마법의 시간이니 이때 핵심적인 일을 처리해보자.

자투리 시간을 이용해 많은 사람이 하고 있는 업무 중 하나는 **10분간 아이디어 내기**다. 아이디어는 책상에 오래 앉아 있는다고 해서 떠오르지 않는다. 하지만 항상 머릿속으로 생각하면서 발전시켜나가면 시간이 생겼을 때 머릿속이 정리되면서 아이디어를 쉽게 떠올릴 수 있다. 창의력이 요구되는 업계나 작가들 사이에서는 이를 '신이 내린 선물'이라고 부르며, 이때 10분이라는 짧은 시간이 가장 적합하다고 한다.

바쁜 사람일수록 동시에 여러 안건을 처리해야 한다. 하지만 일류 크리에이터로 불리는 사람들은 대부분 'A사의 안건이 끝나면 B사, B사의 안건이 끝나면 C사'와 같은 흐름으로 일하지 않는다. A사, B사, C사의 안건을 동시에 진행하며 억지로 결론을 내지 않고 자신의 생각을 천천히 발전시켜나간다. 그리고 그렇게 발전된 아이디어를 10분이라는 시간 동안 완성한다.

⊘ 자투리 시간 10분을 활용하여 처리하면 좋은 업무

10분간 아이디어 내기와 비슷한 방법으로 **혼자 10분간 브레인스토밍하기**도 추천한다. 새로운 기획, 제안, 업무 개선 등 주제는 무엇이든 좋다. 컴퓨터든 화이트 보드든 큰 종이든 무엇이든 좋으니 10분간 떠오른 생각을 마구 적어보자. 아무리 마음이 들뜨더라도 10분이 지나면 끝내야 한다. 나중에 그것을 다시 검토해보면 생각지도 못한 아이디어를 발견하기도 한다.

영업이나 마케팅 일을 하는 사람에게 추천하고 싶은 방법은 **10분간 고객 분석하기**다. 고객 분석 또는 시장 분석은 마음만 먹으면 시간을 얼마든지 쏟을 수 있다. 그 결과 그저 정보 모으기에 그쳐 무엇을 위한 분석인지 잊어버리기도 한다.

그러니 시간 제한을 두고 생각해보자. 예를 들면 '내일 만날 고객이 어떤 방식에 흥미를 보일 것인가'를 주제로 정했다면 10분간 정보를 분석하고 가설을 세운다.

10분이 지나면 충분하지 않다고 느끼더라도 그것으로 끝낸다. 불안감을 느끼는 사람도 있겠지만, 실제로는 충분한 경우가 태반이다. 30분, 1시간 동안 계속한다고 해서 그 이상 좋은 정보나 방식이 떠오르는 일은 거의 없다. 또 하나 추천하고 싶은 방법은 매일 업무를 시작하기 전 **10분간 준비하기**다.

오늘 무엇을 할 것인지, 그러려면 무엇이 필요한지, 어느 부분에 주의해야 할지를 10분간 써본다.

이 방법은 업무 일정을 쉽게 짤 수 있도록 도와줄 뿐만 아니라 업무에 시동을 걸어주는 측면이 크다. 학창 시절 아침 일찍 영어 단어나 한자 받아쓰기 시험을 해본 적이 있지는 않은가? 그것과 같다고 볼 수 있다.

이와 같이 자투리 시간에 할 일을 목록으로 만들어 항상 손에 들고 다니자. 그러면 **약속 시간까지 남은 대기 시간이나 택시 이동 시간이 아주 중요한 업무 시간으로 바뀐다.** 또는 업무와 업무 사이에 항상 10분이라는 시간을 마련해두는 방법도 좋다.

바쁜 40대에게 자투리 시간 10분은 짧지만, 너무나 귀중한 시간이다. 그러니 꼭 효율적으로 쓰기를 바란다.

Point

자투리 시간 10분 동안 해야 할 일을 항상 준비해두자. 그리고 그 시간에 핵심적인 업무를 처리하자.

03 | 업무 내용을 기록하고 개선 방법을 찾는다

40대의 중간 관리자는 부하를 일찍 퇴근시키기 위해 자신이 초과 근무를 한다. 이런 상황에서 벗어날 방법은 없을까?

✓ 초과 근무 금지로 업무가 가중된 관리직

IT 기업에 근무 중인 D씨는 40대에 관리직이 되었다. 그와 동시에 IT 업계에 업무 방식 개혁의 파도가 휘몰아쳤다. 이 업계에서는 심야 근무나 휴일 근무가 당연시 여겨졌지만, 그로 인해 악덕 기업이라고 규탄을 받게 되면서 업무 방식의 전환이 요구되기 시작했다.

　D씨의 회사 역시 장시간 초과 근무하는 것이 당연시 여겨졌

었다. 그런데 갑자기 초과 근무 시간을 제한해야 했기에 현장은 혼란에 빠졌다. 당연하게도 일은 제대로 돌아가지 않았고, 그것을 관리직인 D씨가 혼자 감당해야 하는 상황이 계속되었다.

D씨는 당시 레코딩(기록) 다이어트를 하고 있었는데, 이것을 힌트로 삼아 업무에 치이는 상황에서 벗어날 수 있었다. 레코딩 다이어트는 그날 먹은 음식과 열량을 기록함으로써 자신의 식생활을 재검토하여 개선할 계기를 만드는 방법이다.

레코딩 다이어트를 실천하여 효과를 실감했던 D씨는 이 방법을 일에도 응용할 수 있을 것이라고 생각했다. 또 예전에 읽었던 드러커의 책에 나온 '시간을 기록하라'는 구절도 도움이 되었다.

☑ 기록하기만 해도 일 처리가 빨라진다?!

D씨가 가장 먼저 한 것은 **주 5일 동안 일에 쓰이는 시간의 총량을 파악**하는 일이었다. 업무 시간이 하루에 8시간이라고 해도, 정례 회의 등의 이유로 실제로는 8시간을 다 사용할 수 없는 경우가 있다. D씨는 그런 점까지 고려하여 주 5일 동안 자유롭게 사용할 수 있는 시간을 확정했고, 그 시간 내에 모든 업무를 끝내기로 결심했다.

그다음에는 자신의 업무 시간을 세세하게 계측했다. 예를 들어 보고서 작성에 ○분, 부하의 자료를 확인하는 데 ○분처럼 각각의 상황에 걸리는 시간을 예측해서 수첩에 써놓고 나중에 실제로 얼마나 시간이 걸렸는지 기록한다. 계측할 때는 스마트폰의 스톱워치 기능을 사용했다.

이 과정을 반복한 결과, 사전에 예측한 시간과 실제 업무 시간이 거의 일치하게 되었다.

중요한 부분은 이제부터다. 그렇게 예측과 기록을 계속하다 보니 애초에 90분을 예상했던 업무가 80분 만에 끝났고 또 70분, 60분으로 단축되었다. 심지어 업무 완성도도 눈에 띄게 향상되었다. **소요 시간을 예상할 때 자연스럽게 '어떻게 하면 조금 더 빨리 끝낼 수 있을까'를 생각하는 습관이 생긴 것이다.** 제안서나 기획서는 처음부터 만들지 말고 템플릿을 활용한다, 미묘한 뉘앙스의 대화는 이메일이 아니라 전화로 한다 등 다양한 업무 시간 단축 노하우도 생겨났다.

또 기록을 살펴보면서 아이디어를 내는 업무는 아침 일찍 또는 밤에 하는 것이 효율적이라는 사실을 깨닫고, 그 시간을 아이디어 내는 시간으로 우선하여 일정을 짜게 되었다.

이런 연구를 통해 당초에는 도저히 무리라고 생각했던 초과근무가 거의 없는 상태를 실현할 수 있게 되었다.

☑ 업무 시간을 단축시키는 방법을 다른 직원들과 공유한다

또 D씨는 모든 팀 직원에게 이런 노하우를 공유했다. 그러자 팀 전체의 효율과 실적이 향상했다. 그 이야기를 들은 사장님의 지원으로 회사 전체에 이 방법을 도입한 결과 효율이 대폭 상승했다. 회사의 이익은 약 3년 만에 2배로 증가했고 주가도 2배로 올랐다. D씨의 연봉도 몇십 퍼센트가 증가했다.

이 회사는 한때 초과 근무가 한 달에 200시간에 달할 정도로 사람을 혹사시켰던 곳이었다. 그런데 단 몇 년 만에 이렇게 달라졌으니 놀라울 따름이다.

자신의 일을 기록하기만 해도 자기 시간의 주도권을 되찾을 수 있으니 꼭 시도해보기 바란다.

Point

우선 자신의 업무 시간을 기록해보자. 그것만으로도 시간 단축이 가능해진다.

04 | 시간 도둑으로부터 시간의 주도권을 지킨다

> 부하의 상담 요청에 대응해주다 보니 하루가 다 지나간 경험이 있을 것이다. 어떻게 하면 자기 시간의 주도권을 쥘 수 있을까?

☑ 40대에게는 방해받지 않는 시간이 절실하다

40대는 주변 사람을 두루두루 잘 살펴야 하는 입장에 서 있다. 따라서 자신의 일을 아무리 효율적으로 체계화한다고 해도 부하가 "잠시 시간 괜찮으신가요?"라며 상담을 요청해오거나, 상사가 "이것 좀 해줬으면 좋겠는데"라며 부탁을 해오면 그에 대응하느라 어느새 하루가 다 지나간 적도 많을 것이다.

그렇다고 해서 모처럼 부탁해온 부하에게 "오늘은 바쁘다"고 말하기도 힘들고, '나한테 말 걸지 마'라는 분위기를 항상 풍겼다가는 관리직 능력을 의심받을 수 있다.

가장 간단한 방법은 어딘가에 틀어박히는 것이다. 일정표에 단골 거래처의 이름을 써놓고 카페나 도서관에 가서 일을 처리하는 사람도 많다. 어떤 사람은 귀에 핸즈프리 마이크를 끼고 화상 회의를 하는 것처럼 꾸며서 자기 일을 처리한다고 한다.

하지만 이는 결국 임시방편일 뿐이다.

중요한 점은 **시간 도둑에게 시간을 뺏기지 않도록 시간의 주도권을 쥐는 것이다.** 이는 40대의 시간 관리의 근간을 이루는 능력이라 할 수 있다.

◊ **집중 모드일 때 부하가 상담을 청한다면 어떻게 해야 할까?**

부하가 상담을 청할 때를 예로 들어보자. 한 제조사의 연구소 관리직으로 있는 F씨는 다음과 같이 대처한다고 한다.

우선 집중하고 일할 때 "잠깐 시간 괜찮으신가요?"라고 말을 걸어오는 사람에게는 **"5분 정도면 괜찮지만, 찬찬히 이야기해야 하면 오후 4시 반 이후부터 시간이 된다"**고 대답한다고 한다.

여기에는 2가지 효과가 있다. 우선 5분이라는 제약을 제시하면 시간을 질질 끌 수 없게 된다. 상대도 시간 내에 요령껏 이야기하려고 하므로 결국 효율도 좋아진다.

한편 '제대로 이야기하고 싶다면 ○시부터 가능하다'고 제시하면 찬찬히 상담하고 싶은 사람의 요구에도 대응할 수 있다.

또 F씨는 상담을 할 때 상대가 그저 이야기를 들어주기 바라는지, 판단해주기를 바라는지, 대답을 원하는지, 생각이 정리되지 않았는지 등으로 상대의 심리를 짐작하면서 듣는다고 한다.

그저 이야기를 들어주기 바라는 사람은 찬찬히 이야기를 들어준다. 판단해주기를 바라는 사람에게는 "제안하고 싶은 것을 가져와 줄래?"라고 답한다. 한편 대답을 원하는 경우나 생각이 정리되지 않은 경우에는 어느 정도 이야기를 들은 후에 "며칠 뒤에 다시 이야기할까?"라고 제안한다.

이렇게 철저히 대응하면 다음부터는 부하도 상담을 청하기 전에 조금 더 생각을 정리해야겠다는 생각을 하게 된다고 한다.

☑ 상사가 호출하기 전에 선수를 친다

또 다른 시간 도둑은 상사다. 용건이 있어 부르면 괜찮지만, 사소한 이야기로 호출하거나 심심풀이 상대로 취급할 때는 상당히 곤란하다.

이때 중요한 점은 상사보다 선수를 치는 것이다. '슬슬 보고하라고 할 것 같다'는 생각이 들면 상사가 묻기 전에 보고한다. '이 일에 대해 물어볼 것 같다'는 생각이 들면 그에 앞서 자신의 의견을 말하는 것이다. 이렇게 하면 상사에게 갑자기 호출당하는 일을 피할 수 있다.

동시에 상사나 본부에 제출할 보고서나 장부 등의 서류를 얼마나 줄일지도 중요하다. 코로나의 영향으로 많이 줄었다고 생각할 수도 있지만, 지금도 여전히 모든 보고서를 하나하나 출력해 도장을 찍고 상사에게 제출해야 하는 기업이 있다. 나는 이것이야말로 일본 기업의 생산성을 낮추는 원인이라고 생각한다.

코로나 쇼크는 이런 악습관을 바꿀 절호의 기회다. "이 서류가 없으면 일을 더 빨리 처리할 수 있지 않을까요?", "이 기회에 꼭 업무 방식을 개혁해봅시다" 등의 긍정적인 말로 개혁을 진행해보자.

Point

상사나 부하와의 의사소통 방법을 다시 살펴보면 집중 시간을 얼마든지 만들 수 있다.

05 | 무슨 일이 있어도 시간표를 지킨다

일은 예정대로 끝나리라는 보장이 없다. 그렇다면 예정이 틀어졌을 때는 어떻게 해야 할까? 시간의 달인이 될 수 있느냐의 여부가 여기에 달렸다.

✓ 정해진 시간 안에 일을 끝낼 수 없을 때는 어떻게 해야 할까?

다음 상황이라면, 당신은 어떤 선택을 할 것인가?

Q 오늘 17시까지 끝낼 예정이었던 일이 끝나지 않았고, 앞으로 2시간 정도 더 걸릴 거 같다. 그럴 때 당신은 어떻게 하겠는가?

A1 2시간 안에 끝낼 수 있다면 일을 계속한다. 집중이 흐트러지면 그것을 되돌리는 데 시간이 걸리기 때문이다.

A2 어떻게 해서든 계획했던 17시에 일을 끝마친다. 어중간한 상태로 끝나
더라도 상관없다.

일단 일에 손을 댔다면 끝까지 하는 편이 효율적이라는 1번
선택지가 언뜻 보기에는 이치에 맞는 듯 보인다.

하지만 성공한 사람들에게 이야기를 들어보면 오히려 2번 선
택지를 고르는 사람이 많다. **예정했던 시간이 지나면 그 업무가 끝나
지 않았더라도 일단 멈추고 다음 예정했던 일을 시작한다.** 그리고 끝내
지 못한 업무는 다음 날 이후 일정에 다시 배정한다.

왜냐하면 애초에 성공한 사람들은 바쁘기 때문이다. 일정이
빡빡하게 차 있으므로 한 가지 일을 질질 끌다 보면 다른 업무
에 영향을 줄 수 있다.

성공한 사람들은 또한 **'정해진 시간 이상으로 어설프게 일한다고 해
서 성과를 낼 수 없다'는 사실을** 알고 있다. '제시간에 못 끝낸다면 시
간을 늘리면 되지'라며 무르게 생각하면 집중력이 떨어질 수밖
에 없다. 그런 생각은 업무의 질을 떨어트릴 우려가 있다.

☑ 어중간한 상태로 끝내더라도 계획된 일정을 지킨다

앞에서 기록을 통한 시간 관리 방법을 소개했는데, 처음부터
능숙하게 시간을 예측할 수 있는 사람은 없다. 한 조사에 따르

면 실제로는 예측한 시간보다 1.5배의 시간이 더 걸린다고 한다.

그렇지만 처음에 세운 일정을 망치지 않는 것이 중요하다.

학창 시절의 시간표를 떠올리면 쉽게 이해할 수 있다. 1교시가 국어, 2교시가 수학, 3교시가 영어, 4교시가 체육 등 시간표가 사전에 짜여 있고, 그 시간에 맞춰 수업은 그대로 끝난다.

마찬가지로 1일 업무를 시간표처럼 짜놓고 해당 시간이 다 되면 그대로 끝낸다. 이 방식만 철저히 지키면 업무 시간 단축과 성과를 동시에 이룰 수 있다.

학교와 다른 점은 시간표를 스스로 자유롭게 짤 수 있다는 것이다. 예를 들어 금요일은 몇 시간을 비워두고 그 전에 끝내지 못한 업무를 처리하는 시간으로 삼는 것이다.

모 기업에서 일 처리가 빠른 관리직으로 활약했던 G씨는 관리직의 업무가 이 시간표를 끊임없이 퍼즐처럼 꾸려나가는 일이라고 단언한다.

또한 G씨는 예정된 시간 안에 다 하지 못한 업무를 어중간한 상태로 끝내는 시간 관리 방법도 사용했다.

예를 들면 프레젠테이션 자료를 작성하는 도중에 시간이 다 되었다면 많은 사람은 '이 슬라이드까지는 다 하고 끝내자'라고 생각하고는 한다. 하지만 G씨는 글을 쓰는 도중이었든, 선을 긋는 도중이었든 그대로 일을 끝내버린다.

물론 불편한 감정이 들 수밖에 없다. 하지만 일부러 '**불편한 감정**'이 남을 수 있는 어중간한 지점에서 끝내는 편이 일을 다시 시작했을 때 곧바로 시동을 걸 수 있다고 한다.

그 밖에도 G씨는 좋은 아이디어나 발상은 시간이 아니라 횟수를 통해 생겨난다고 생각하므로 아이디어를 내는 시간을 일부러 짧게 여러 번 갖는 등 노력을 쏟는다고 한다. 꼭 시간표를 의식하여 계획을 짜고 그에 따라 일해보기를 바란다.

Point

시간 내에 끝내지 못한 일은 그 상태로 끝낸다. 질질 끌어봤자 성과를 내지는 못한다.

06 | 수요일 오전에는
중요하고 급하지 않은 일만 한다

중요하고 긴급한 업무를 가장 먼저 하는 것은 당연하다. 그렇다면 그다음에는 어떻게 해야 할까?

⊘ 일의 우선순위를 정하는 기존 방식은 잘못되었다

지금까지 소개한 시간 관리의 공통점을 하나 꼽자면 **성공하는 40대는 중요한 일만 한다는 것이다.** 그것이 최단 시간에 성과를 내는 비결인 셈이다.

일의 우선순위를 정할 때 기준으로 삼는 것으로 중요도와 긴급도가 있다. 고전적이지만 지금도 통용되는 방법으로, 누구나 한 번쯤은 들어본 적이 있을 것이다.

일의 우선순위를 정하는 기존의 기준

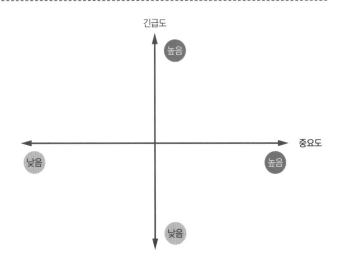

이 기준은 한편으로는 평판이 굉장히 안 좋다. 어떤 사람들은 "이렇게 해봤지만 성과를 전혀 내지 못했다"거나 "팀 직원에게 해보라고 했지만 결국 실적에는 변화가 없었다"고 말한다.

하지만 이것이 그 기준 탓은 아니다. 사용 방법이 잘못되었기 때문이다.

위의 그림에서 사람들은 대부분 우측 상단에 있는 중요도와 긴급도가 높은 업무부터 손을 대려고 한다. 하지만 그런 중요한 업무는 이런 기준을 사용하지 않더라도 알 수 있다. 이런 기준을 정하는 진정한 의미는 우측 하단에 있는 **중요도는 높지만 긴급도가 낮은 업무를 파악해서 신속히 처리하는 것**에 있다.

하지만 많은 사람은 중요도와 긴급도가 높은 일부터 손을 대고, 그 후에 중요도는 낮지만 긴급도가 높은 일을 처리한 후 만족해하고는 한다.

☑ 핵심 업무 시간에는 절대 다른 일을 하지 않는다

영업 부서의 업무 중에서 중요도는 높지만 긴급도가 낮은 전형적인 사례를 꼽자면 신규 고객 개척, 거래가 끊긴 고객 되찾기 등이 있다. 이 일을 소홀히 하면 기존 고객의 매출이 떨어질 뿐만 아니라 신규 고객 유입까지 줄어들어 아무리 시간이 지나도 실적은 늘어나지 않는다. 그 결과 항상 눈앞에 놓인 매출 목표를 쫓는 지경에 이르게 된다.

그것이 나중에 큰 충격을 주어 일에 영향을 미칠 것이다.

중요도는 높지만 긴급도가 낮은 일의 예시

영업 부서: 신규 고객 개척, 거래가 끊긴 고객 되찾기, 영업 과정 개선 등

기술 부서: 새로운 기술 습득, 기초적인 연구 추진 등

관리 부서: 업무 시스템화, 직원 멀티태스킹화 등

당신이 항상 일에 쫓기고 있다면 그것은 중요도는 높지만 긴급도가 낮은 일에 대응하고 있지 않기 때문일 가능성이 높다.

한편 성공하는 사람일수록 중요도는 높지만 긴급도가 낮은 일을 중시한다. 구체적으로는 이런 핵심 업무를 처리하는 시간을 루틴 속에 집어넣는다.

예를 들어 수요일 오전에 어떤 일을 하기로 정했으면 그 시간에는 절대 다른 일을 하지 않는다. 영업 부서라면 '수요일 오전은 신규 고객 개척'이라고 정한 후 다른 일은 차단하는 것이다.

긴급한 요건이 들어오든, 클레임이 들어오든 나중으로 미룬다. 여기에 예외를 두면 머지않아 해당 시간이 변질되고 만다. 다른 일을 차단하기 힘든 사람은 '1년에 세 번만 예외를 적용한다' 등의 자기 규칙을 만들어두면 좋다.

물론 무조건 수요일 오전일 필요는 없다. 방해받을 확률이 가장 낮고, 능률이 가장 높은 시간이면 된다. 하지만 경험상 수요일 오전에 이런 일을 하는 사람이 많으니 참고하기를 바란다.

Point

중요하지만 긴급도가 낮은 일이야말로 지금 바로 해야 할 일이다. 가장 먼저 루틴에 집어넣자.

07 | 시간이 생기면 하고 싶은 목록을 적어 마음의 위기를 극복한다

업무를 효율화하고 시간의 밀도를 높이는 것은 40대 시간 관리의 기본이다. 하지만 그런 날들이 피로하다고 느껴질 때는 어떻게 해야 할까?

☑ 어느 경영자를 구한 마법의 카드

지금까지 40대는 할 필요가 없는 일은 배제하고 정말 중요한 일에만 주력해야 한다고 이야기해왔다. 하지만 업무 효율만 추구하다 보면 마음의 여유가 없어지기 마련이다. 오히려 바쁨이 해소되지 않고 무력감을 느끼게 될지도 모른다.

끊임없는 노력으로 경영자의 자리까지 오른 H씨의 40대도 그런 날들의 연속이었다. 난도가 높은 프로젝트가 거듭되고 지금까지 경험해보지 못한 바쁜 나날이 계속되면서 마음이 아슬아슬한 한계까지 쫓기게 되었다고 한다.

그런 와중에 문득 '이 바쁜 일정이 끝나면 무엇을 하고 싶을까?'라는 생각이 머릿속에 떠올랐다. 그리고 **무의식적으로 서랍에 있던 명함 크기의 카드를 꺼내서 시간이 생기면 하고 싶은 일들을 적어나갔다.**

그러자 어떻게 되었을까? 가끔씩 시간이 생길 때마다 이 카드를 살펴보는 일이 H씨의 즐거움이 되었다고 한다.

카드에는 가족 여행 가기, 본가에 내려가기, 만화 『메이저』 전권 읽기, 한신 타이거즈 홈구장에서 경기 보기, 『언덕 위의 구름』 다시 읽기 등 아주 사소한 것들이 적혀 있었다.

H씨는 이 **카드를 쓰는 순간, 그리고 다시 살펴보는 순간에는 직면해 있는 현실을 잊고 설레는 기분을 느꼈다**고 한다.

✅ 희망하는 것을 적고 수시로 살펴본다

H씨는 그 후에도 일에 쫓길 때나 피로를 느낄 때면 보약을 먹듯이 계속 카드에 메모를 적었다. 그는 경영자가 된 다음 해 "카드에 적은 일을 실현했는지는 중요하지 않았다. 그저 카드를 쓰면서 그때의 우울한 기분이 전환되고 희망을 가질 수 있었다"고 당시를 회상했다.

무의식적으로 한 행동이었겠지만, 이 방법은 아무리 사소하더라도 희망이 보이는 순간에 동기부여가 커진다는 '희망의 법칙'에 부합할 뿐만 아니라, 동시에 해야 할 일과 하고 싶은 일의 균형을 잡으며 정신 건강을 유지할 수 있는 일거양득의 방법임을 알 수 있다.

카드가 아니더라도 손글씨를 쓸 수 있는 노트든, 스마트폰 메모든, 컴퓨터상의 파일이든 뭐든 좋다. 시간이 생기면 하고 싶은 일을 지금 당장 써보자. 10분 정도의 자투리 시간에 해도 좋다.

이 방법이 매일 업무에 쫓기는 당신에게 버팀목이 되어줄 것이다.

☑ 제3의 시간은 마음과 뇌를 활성화시킨다

같은 효과를 기대할 수 있는 또 다른 방법으로 제3의 시간을 갖는 것이 있다.

제3의 시간이란, 일하는 시간도 가족과 보내는 시간도 아닌 다른 차원의 시간을 말한다. 어떤 이는 이를 '공백의 시간'이라고 부르기도 한다. 그 **제3의 시간을 지금의 일과는 관련 없는 하고 싶은 일에 할애하거나 공상하는 시간으로 써보는 것이다.**

미국의 기업에서는 직원들에게 이런 시간을 권장하는데 그중에서 3M의 15퍼센트 룰, 구글의 20퍼센트 룰 등이 유명하다. 두 회사 모두 업무 시간의 일정 비율을 제3의 시간으로 할애한 결과 3M은 포스트잇, 구글은 지메일을 비롯한 각종 서비스가 탄생했다는 것은 유명한 이야기다.

이런 시간은 마음의 위로가 되어줄 뿐만 아니라 창의력을 발휘하는 데 도움을 준다.

매일 집과 사무실만 왕복하고 있다면 조금 일찍 집을 나와서 아무도 없는 사무실에서 시간을 보내기, 귀가 전에 1시간 정도 카페에 들르기 등 다양한 방법을 활용해보면 어떨까?

Point

시간이 생기면 하고 싶은 일을 적은 후 수시로 살펴보자. 그것이 바쁜 일상으로 인해 한계에 내몰린 당신의 마음을 지지해줄 것이다.

좋아하는 일을 따라 창업에 성공하다

현재 캠핑카 제조회사를 운영하는 F씨의 인생은 '좋아하는 일은 금방 능숙해지기 마련이다'라는 말의 표본과 같다.

  F씨는 대학 시절, 방송 작가 아르바이트의 매력에 빠져 학교를 중퇴하고 방송 작가의 길을 걷게 되었지만, 돌연 스승님이 타계하면서 업계에 남기 어려운 상황이 되었다.

  그때 그가 선택한 일은 게임 디자이너였다. 세계관이나 캐릭터, 줄거리로 승부를 본다는 점에서 방송 작가와 일맥상통하는 부분이 있다고 생각했기 때문이다.

  급성장하는 게임 업계의 파도를 타고 F씨의 회사는 몇 가지 인기 게임을 만들어냈다. 그도 3억 원 이상의 연봉을 받는 등 순조로운 인생을 보내는 듯했다.

  하지만 사람을 늘리기 힘든 상황 속에서 어느새 자신이 만든 게임의 버그를 없애는 작업에만 쏟는 시간이 끝없이 늘어갔다.

  '이대로 괜찮을까'라는 의문을 품고 있던 F씨는 결국 게임 업계에서 나오기로 했다.

  당시 40대를 맞이하기 직전이었던 F씨는 과감히 행동했다.

그는 뒤도 돌아보지 않고 일을 그만둔 뒤, 혼자 자택을 리모델링했다. F씨는 손기술이 좋았기에 목수 일이나 인테리어, 설계 관련 업무도 전문가 수준으로 할 수 있었다.

하지만 당연하게도 그는 그 시기에 백수였기에 그의 네 가족은 그동안 모은 돈으로 생활할 수밖에 없었다.

그리고 40대를 맞이한 F씨는 새로운 분야에 뛰어들었다. '무언가 만드는 일을 하고 싶다'는 바람을 좇아 차를 개조해서 캠핑카로 만드는 사업을 시작했다.

콘셉트는 저렴한 가격의 캠핑카로 잡았다. 무엇이든 만들 수 있는 훌륭한 손기술을 무기로 F씨가 모든 부품을 만들었으므로 비용을 대폭 줄일 수 있었다.

마침 동일본 대지진이 일어난 시기와 맞물리면서 캠핑카가 하나의 주거 공간으로 주목을 받음으로써 수요가 급증했고, 그대로 경영이 궤도에 올라 지금에 이르게 되었다.

누구나 이런 식으로 좋아하는 일만 할 수는 없다. 하지만 좋아하는 일을 끝까지 추구했던 F씨의 일화는 '40대라도 좋아하는 일에 도전해도 된다'며 우리를 응원해주는 것 같기도 하다.

제 **6** 장

40대의
인맥 관리

01 | 20대 때처럼 새로운 인맥을 개척한다

> 40대가 되면 어느 정도 인맥이 있을 것이다. 하지만 그 정도로 충분하냐
> 고 물어본다면 대답은 'NO'다.

☑ 30대에는 인맥을 줄이고, 40대에는 인맥을 다시 늘린다

나는 『인생의 격차는 30대에 만들어진다』는 책에서 30대는 친하게 지내야 할 사람을 선택해야 하는 시기라고 주장했다.

왜냐하면 이 세대는 좋은 쪽으로든 나쁜 쪽으로든 사람한테 영향을 받기 쉽기 때문이다. 이때 어떤 영향을 받느냐에 따라 그 후의 직장인 인생이 결정된다고 해도 과언이 아니다. 따라서 되도록이면 부정적인 영향을 끼치는 사람과는 거리를 두고, 긍

정적인 에너지를 주는 사람과 사귀는 것이 좋다.

20대라면 사람을 가리지 않고 다양한 인맥을 쌓아야 하겠지만, 30대에는 일단 그 인맥을 정리해야 할 필요가 있다.

그렇다면 40대에는 인맥 만들기를 어떻게 해야 할까? 결론부터 말하자면, **40대가 되면 20대 때처럼 '인맥은 스스로 만드는 것'이라는 생각을 갖고 적극적으로 인맥을 넓혀가야 한다.**

이 연령대가 되면 오랫동안 일해오면서 자연스레 형성된 인맥도 있을 것이다. 시간을 들여 쌓아온 인맥은 견고하며, 유사시에 연락했을 때 도움을 주는 것도 이런 사람들이다.

단, 그 인맥에 안주하면 그 이상의 일을 할 수 없는 것도 사실이다. 똑같은 동료만 접하면 시야가 좁아질 위험성도 있다.

☑ 40대에 쌓은 인맥으로 인생이 달라진다

나를 인맥의 달인이라고 부르는 사람도 있다. 지금까지 3만 명이 넘는 사람을 만나왔고 1만 명의 사람과는 깊은 대화를 나눴다. 각 분야에서 위기가 찾아왔을 때 도와주거나 정보를 주는 사람도 있다.

내게 행운이었던 점은 처음 입사한 리크루트홀딩스에서 배정된 부서가 사운이 걸린 사업부로, 회사 전체에서 선택받은 인재가 모인 곳이라는 것이다. 당시 동료였던 사람들이 나중에 각계에서 활약하며 귀중한 인맥이 되어주었다. 또 MBA에서 유학한 것도 폭넓은 인맥 만들기에 도움이 되었다.

하지만 그것은 어디까지나 본업에 관련된 인맥일 뿐이다. **진정한 의미의 폭넓은 인맥을 쌓을 수 있었던 시기는 사실 40대 때였다.**

나는 오랫동안 '책을 쓰고 싶다'는 꿈을 갖고 있었다. 40대가 되어서야 그 꿈을 실현할 수 있었는데, 그때 어떤 책을 쓰면 독자의 마음에 와 닿을지를 고민하며 시행착오를 반복해나갔다.

당시 주변에는 나와 상황이 비슷한 사람들밖에 없어서 소위 일반인의 시선에 관한 정보를 손에 넣을 수 없었다. 그래서 서평가가 주최하는 세미나나 출판사 파티 등에 적극적으로 참가했다. 거기에서 얻은 정보가 분명 힌트가 될 것이라고 생각했기 때문이다.

이런 세미나에는 나 외에도 '책을 쓰고 싶다'는 생각으로 온 사람이 많았다. 그러나 책을 쓰고 싶다는 생각이 같을 뿐이지 나이, 성별, 전문 분야가 전혀 다른 사람들이었다.

그들은 모두 적극적이었고, 자리에 앉자마자 주변에 있는 사람들과 명함을 교환했으며, 처음 보는 사람과도 환담을 나누었다. 이후에 이어진 친목회에서 술이 들어가니 친밀함이 더 깊어졌고 다양한 이야기가 오갔다.

한편 나도 내 이야기를 하면서 일반인은 어떤 점에 흥미를 느끼는지 파악할 수 있었다. 그것이 책 내용에 도움이 되었다는 점은 말할 필요도 없다.

그뿐만이 아니었다. 이곳에서 만난 사람이 나중에 사업 파트너가 되거나 중요한 인물을 소개해주면서 원래 인맥 못지않은 귀중한 인맥이 되어주었다.

이런 경험을 직접 겪었기 때문에 40대가 되면 꼭 새로운 인맥 만들기에 힘쓰기를 권한다.

Point

40대부터라도 새로운 인맥을 만들 수 있다. 오히려 지금의 인맥에 안주하면 시야가 좁아진다.

02 | 친구의 친구를 통해 인맥을 넓힌다

폭넓은 인맥을 만들고 싶지만, 다른 분야의 사람을 어떻게 만나야 하는지 모르겠다는 당신을 위해 인맥의 달인들의 방법을 소개하고자 한다.

☑ 바쁜 워킹맘의 인맥 쌓기 기술

애초에 인맥이란 왜 필요한가?

그 대답은 다양하겠지만, 굳이 하나를 꼽자면 **인터넷을 검색해도 나오지 않는 정보를 인맥을 통해 손에 넣을 수 있기 때문이다.** 그 정보야말로 주변과 차이를 벌릴 수 있는 커다란 장점이 된다.

내가 신입사원일 때 지도해주던 T씨가 그야말로 이런 존재였다. T씨는 나중에 관료 세계에 발을 들였는데, 무슨 일이 있을 때마다 나를 회합 자리에 데려갔다. 그 자리에서는 '이런 이야기를 들어도 되는 건가?'라는 생각이 들 정도의 정보가 오갔다.

한 회합 자리에서는 중소기업의 사장이 채용 기술을 알려주기도 했다. 대학에 직접 뛰어드는 방식이 아니라 학생 기숙사에 접근하는 방식으로, 그 어떤 채용 컨설턴트도 알려주지 않는 비결이었다. 나는 몇만 원의 술값으로 몇천만 원의 가치를 얻을 수 있었던 셈이다.

40대 이후부터의 인맥은 같은 업계나 업종뿐만 아니라 다방면으로 폭넓게 이어져야 한다. 하지만 공사다망한 40대가 다른 분야의 사람을 알 수 있는 기회는 좀처럼 찾기 어렵다.

지금부터는 한 40대의 인맥 기술을 소개하고자 한다.

업계에서는 모르는 사람이 없을 정도로 유명인이자 워킹맘인 I씨가 취한 방식은 친구의 친구를 모두 친구로 삼는 작전이었다.

그녀는 30대 후반에 출산하여 40대에는 육아로 바빴기에 좀처럼 인맥 만들기에 시간을 낼 수 없는 상황이었다. 그래서 남편과 의논한 끝에 목요일 밤만은 육아에서 벗어나 그 시간을 자유롭게 쓰기로 정했다.

하지만 목요일 하루만으로 인맥을 넓히는 데는 한계가 있었다. 그래서 그녀는 이 목요일을 **만나고 싶은 모든 사람을 한 장소에 모**

으는 날로 만들었다.

물론 I씨에게는 지인들이라도 그들끼리는 처음 만나는 사이였다. I씨가 의도하지는 않았지만, 그곳에 모인 사람끼리 의기투합하여 함께 사업을 시작하는 일도 생겨났다.

그러자 이 모임에 대한 평판이 점차 좋아져서 새로운 사람이 새로운 사람을 데려오는 선순환이 일어났다. 그야말로 친구의 친구는 모두 친구가 되어 I씨의 인간관계도 점점 넓어진 것이다.

☑️ 술자리를 선호하지 않는다면 스터디 모임을 가진다

I씨의 경우는 의도하지 않았지만, 인맥의 달인이라 불리는 사람들은 사람과 사람을 이어주는 것을 좋아하는 경우가 많다. 나의 스승이자 인맥의 달인이라 불리는 후지하라 가즈히로 씨가 바로 그런 사람이다.

그는 사람과 사람을 이어주는 것을 좋아해서, 술자리에서 서로 모르는 사람끼리 만날 수 있도록 종종 주선한다. 그리고 도중에 자연스럽게 빠져서 처음 대면한 사람끼리 회합할 수 있는 자리를 마련해준다. 깊이 있는 관계가 될 수 있는 계기를 만들어주는 셈이다.

게다가 어떨 때는 유명 연예인이나 컨설턴트, 작가가 참석해서 큰 자극을 주기도 한다.

술자리를 선호하지 않는 사람에게는 스터디 모임을 추천한다. **관심사가 같은 사람끼리 정기적으로 공부하는 모임을 갖는 것이다.** 그 모임에 매번 다른 게스트를 부르면 인맥을 더 넓힐 수 있다.

나도 40대 때 같은 비즈니스 서적 작가인 미즈노 토시야 씨, 고도 도키오 씨, 나이토 시노부 씨와 함께 매월 스터디 모임을 가졌다. 실제로는 술자리보다 조금 나은 정도였지만, 매번 게스트로 다른 작가나 편집자를 불러서 다양한 정보를 얻을 수 있었고 인맥도 넓어졌다. 그 모임에서 탄생한 책도 있다.

바쁜 40대일수록 이런 친구의 친구를 모두 친구로 삼는 작전을 추천한다.

Point

시간을 내기 힘든 40대는 친구의 친구를 통해 인맥을 넓히는 것도 좋은 방법이다.

03 | 이야기가 통하지 않는 사람과도 관계를 맺는다

지인은 많을수록 좋지만, 그 폭이 넓지 않으면 오히려 시야가 좁아질 수도 있다. 그런 문제를 피하기 위해 이질적인 사람과도 관계를 맺어야 할까?

☑ 한 회사를 계속 다닌 사람일수록 위험하다

만약 당신이 졸업하자마자 40대까지 줄곧 같은 회사에서 일하고 있다면 주의해야 할 필요가 있다. 자신도 모르는 사이에 동화되어 시야가 매우 좁아질 위험이 있기 때문이다.

같은 회사에 모인 사람들은 비슷한 지역에서 태어나 비슷한 가정환경이나 학력을 가졌을 가능성이 크다. 그런 비슷한 사람끼리 계속 일하다 보면 가치관이 비슷해지고 좁아지기 쉽다.

그래서 나는 40대가 되면 **단 한 사람이라도 좋으니 자신의 인맥에 이질적인 사람을 넣어보라**고 조언해주고 싶다.

정어리가 담긴 수조에 메기 한 마리를 넣어두면 정어리가 긴장해서 신선도가 유지된다고 한다. 이질적인 사람의 역할도 그와 비슷하다. 자신의 신선도를 유지하는 데 한몫해주는 셈이다.

이와 관련하여 떠오르는 인물이 한 명 있다. 누구나 알 만한 유명 기업에서 임원 자리까지 올랐던 J씨. 회사는 매우 딱딱한 이미지지만, J씨는 정반대의 성향을 가지고 있었다. "똑같은 경력을 가진 사람과 어울리는 일이 가장 지루하다"고 서슴지 않고 말하고 다녔고, 다른 업종의 사람들과 적극적으로 교류를 이어나갔다. 그중에서 소위 '업자'라는 사람들과 관계를 맺어 다른 업자들끼리 교류할 수 있도록 돕는 데 한몫하기도 했다.

동남아시아에서 마사지사 자격을 취득하는 등 남다른 행보를 이어나간 J씨의 주변에는 계속해서 독특한 인재가 모여들었다.

☑ 다른 분야의 사람과 교류하는 일은 즐겁다

당신이 만약 은행원이라면, 음악가나 예술가처럼 어떤 조직에 얽매이지 않고 살아가는 사람들이나 비영리 단체 또는 자원봉사 단체에서 종사하며 돈에 별 관심이 없는 사람들이 이질적인 사람에 해당하지 않을까? '도대체 어떤 대화를 나누어야 할지 모르겠다'는 생각이 들 정도로 다른 분야의 사람이어야 자극이 될 것이다.

내 경우에는 앞서 말한 작가들과의 교류가 자극이 되었다. 의사나 변호사, 정치가의 비서 그리고 연애 전문가라는 직업을 가진 사람들이 한곳에서 모이는 경우는 좀처럼 보기 힘들다. 그래서 나는 인생을 되돌아보는 나이가 되었을 때 다른 문화의 사람들과 교류하는 것이 얼마나 중요한지를 뼈저리게 느낄 수 있었다.

참고로 그중에는 자신을 정리 전문가라고 소개하는 사람도 있었다. 그 사람은 나중에 『정리의 힘』이라는 책을 쓴 곤도 마리에 씨였다. 처음 만났을 때는 솔직히 '정리 전문가로 먹고 살 수 있을까'라는 생각이 들어 걱정하기도 했지만, 현재 그녀는 세계적인 유명인이 되었다. 내가 완전히 착각한 것이다.

만약에 내가 인맥은 알아서 생기는 것이라는 수동적인 자세를 취했다면 이런 폭넓은 인맥을 얻을 수 없었을 것이다.

☑ '쓸데없는 인맥은 없다'는 말을 명심한다

40대 이후가 되면 공적으로든 사적으로든 다양한 일이 일어난다. 그럴 때 의사나 변호사, 세무사라는 전문적인 지식을 갖춘 사람의 조언은 매우 든든할 수밖에 없다. 나도 회사를 경영하며 이런 인맥의 도움을 여러 번 받았다.

하지만 의외의 인맥에서 생각지도 못한 도움을 받기도 한다. 거래처에 가져갈 선물이 고민되어서 지인인 디저트 블로거에게 상담한 후에 선물을 사간 결과, 거래처에서 상당히 마음에 들어 해서 사업 협상까지 성사되었다는 사람도 있었다.

나의 지인인 편집자는 자신의 아이디어가 재미있는지를 같은 분야의 지인, 자유 업종의 친구, 해외 근무 중인 옛 동료 등 다양한 사람에게 보여주고 반응을 살폈다고 한다. 그런 의미에서 '쓸데없는 인맥은 없다'고 단언할 수 있다.

언제 어느 때 어떤 식견과 전문성이 필요하게 될지 알 수 없다. '쓸데없는 인맥은 없다'는 생각으로 이질적인 사람과도 계속 관계를 쌓아가자.

Point

이야깃거리를 찾기 힘들 정도로 이질적인 사람과의 관계가 폭넓은 시야를 갖게 해준다.

04 | 압도적인 지지자를 얻는 사람이 성공한다

성공한 사람에게는 모두 그 사람을 지지하는 압도적인 지지가가 있다. 이런 견고한 인맥은 원한다고 만들 수 있는 것이 아닌데, 어떻게 해야 할까?

⊘ 유명 경영자에게는 압도적인 지지자가 있다

인맥은 폭뿐만 아니라 깊이도 중요하다. '100명의 지인보다 1명의 압도적인 지지자가 낫다'고 말할 정도로 **성공한 사람에게는 뒤에서 지지해주는, 압도적인 지지자가 있는 경우가 많다.**

중세 유럽 예술가들의 뒤편에는 후원자가 있었다는 사실은 잘 알려져 있다. 요즘 유명 경영자에게도 창업 때부터 지원해준 은인이 있는 경우가 많다. 예를 들어 소프트뱅크의 손정의 씨에게는 샤프의 전 부회장인 사사키 다다시 씨라는 압도적인 지지자가 있었다. 상품을 팔러 온 손정의 씨에게 가족처럼 조언해주었고 때로는 은행 보증인이 되어주겠다고 말할 정도로 그를 지지하고 지원해주었다고 한다.

나도 주변에서 실제로 그런 사례를 본 적이 있다.

업계에서 선두를 달리는 새싹채소 생산 회사 무라카미농원의 무라카미 기요타카 씨는 방송 프로그램에 출연한 경력도 있는 유명한 경영자다. 나의 회사 선배이기도 하여 줄곧 친하게 지내왔다.

그런 무라카미가 큰 위기에 빠졌던 적이 있다. 1996년에 집단 식중독 사건이 발생했을 때다. 당초 그 원인으로 새싹채소가 의심받고 있었기 때문에 새싹채소가 주력 제품 중 하나였던 무라카미농원은 큰 위기를 겪었다. 그 후에도 수요는 좀처럼 회복되지 않았다.

그러는 와중에 무라카미 씨를 압도적으로 지지해주던 한 사람이 그를 구원해주었다. 외식 체인 회사에서 일하던 그 사람은 회사에 적극적으로 이야기하여 모든 체인점에서 무라카미농원의 새싹채소를 도입하도록 했다. 그 덕분에 무라카미농원은 위기를 극복할 수 있었다.

✅ 초조한 모습을 보여야 지지자가 나타난다

이런 압도적인 지지자는 얻고 싶다고 해서 얻을 수 있는 것이 아니다. 하지만 **무언가를 얻고자 주변 사람에게 적극적으로 조언과 지원을 받으려는 사람이야말로 그런 만남을 쟁취할 수 있다.**

이쯤에서 내 경험을 소개하고자 한다.

나는 어린 시절부터 산만하여 고등학교는 물론이고 대학교, 취직까지 1지망한 곳을 가본 적이 없었다. 성공 체험에 목말랐던 나는 선배의 추천으로 겨우 들어간 리크루트홀딩스에서 '무슨 수를 써서라도 성공하고 싶다'며 초조함에 몸부림을 쳤다.

매일 어떻게 하면 잘나가는 영업 사원이 될 수 있을지 고민했고, 회사 상사나 선배뿐만 아니라 거래처의 경영자나 관리직에게도 닥치는 대로 조언을 구하고 다녔다.

그 모습을 본 어떤 분이 나를 가족처럼 도와주게 되었다. 그분의 가르침과 지원이 계기가 되어 영업이 궤도에 올랐던 나는 리크루트홀딩스에서 최고 영업 사원의 지위에 오를 수 있게 되었다.

시간이 꽤 흐른 뒤에 그분께 "그때 왜 저를 가족처럼 지원해 주셨나요?"라고 물으니 "무언가를 잡으려고 필사적으로 손을 뻗는 모습을 보았기 때문이야"라고 말씀해주셨다.

✅ 40대는 인맥 만들기의 골든타임이다

나는 젊을 때 이런 지지자를 만났지만, 주변의 이야기를 들어보면 40대가 되어서야 이런 지지자를 만난 경우가 많다는 사실을 알 수 있었다.

그런 사람들의 공통점은 책임을 지는 위치에 있으면서 어떻게 그 책임을 다할 수 있을지 고민하며 적극적으로 주변의 충고를 구했다는 점에 있었다. 그 적극적인 자세가 공감을 불러일으켜 압도적인 지지자가 생겨난 셈이다.

40대는 방황의 시기이기도 하다. 또 직책이 올라가면 올라갈수록 고독해진다. 그러니 원점으로 돌아가서 **많은 사람의 조언을 허심탄회하게 구해보면 어떨까?**

그중에서 당신의 압도적인 지지자가 나타날지도 모른다. 이런 의미에서 40대는 깊은 인맥을 만들기 위한 골든타임이라고 볼 수 있다.

Point

적극적으로 가르침을 받으려는 자세를 잊지 말자. 그 과정에서 압도적인 지지자가 나타난다.

05 | 인간관계를 관리한다

연하장을 보내지 않는 사람이 점점 늘어나는 것 같아 아쉽기만 하다. 오래 알고 지내고 싶은 사람과는 능동적인 관계 만들기를 해야 한다.

⊘ '다음에 보자'는 말은 의미가 없다

인맥의 세계에서 '다음은 없다'는 말을 자주 들을 수 있다.

누군가를 만날 때마다 '다음에 식사라도 하시죠'라거나 '다음에 술 한잔 하시죠'라는 대화를 나누게 되는데, 그 '다음'이 실현되는 경우는 거의 없다.

인맥을 넓히려면 새로운 사람과의 만남도 중요하다. 하지만 40대가 되었다면 꼭 **예전에 만났던 사람, 신세를 졌던 사람과의 인맥**

을 관리하기 바란다.

지금까지 만나온 사람들을 다시 한 번 떠올려보자. 앞으로도 오랫동안 알고 지내고 싶다거나 옛정을 새롭게 쌓고 싶다는 사람이 있다면, 그들에게 먼저 연락을 취해보자.

반대로 그저 그냥 알고 지냈던 사람과는 서서히 멀어지면 된다. 정해진 시간에 교류할 수 있는 인원수에는 한계가 있다. **모든 사람에게 같은 시간을 들이는 일은 무의미하다.**

인맥을 유지하는 데 효과적인 방법으로는 연하장이 있다. 최근에는 연하장을 보내지 않는 사람도 많지만, 인간관계를 상기시켜주는 기능을 생각하면 여전히 효과적이다. 적어도 현재 연하장을 주고받는 사람에게는 꾸준히 연하장을 쓰기 바란다.

연하장의 기능을 보완해주는 수단이 SNS다. SNS는 젊은이들의 수단이라고 생각할 수 있지만, 대표적인 SNS의 하나인 페이스북은 오히려 40대 이용자가 많다고 한다.

만약 상대가 SNS를 적극적으로 사용하고 있다면 팔로우해두면 좋을 것이다. 본인이 게시물을 올리지 않더라도 상대가 올린 게시물을 가끔 보기만 해도 서로 연결되어 있다는 느낌을 유지할 수 있을 것이다.

☑ 관계가 끊긴 후에는 후회해도 소용없다

성공하는 40대를 보면 적극적으로 인맥을 관리하는 사람이 많다고 한다.

K씨는 1년에 한 번, 신세 진 거래처 사람을 한곳에 모아 회식을 꼭 열고자 노력하고 있다. 현역인 사람뿐 아니라 이미 담당이 바뀐 사람이나 퇴직한 사람도 초대하므로 그곳에 모인 사람끼리 교류하는 귀중한 기회가 되고 있다고 한다. 이 회식의 핵심은 더치페이에 있다. 그 덕분에 누구나 가벼운 마음으로 참가할 수 있는 셈이다.

이보다 더 큰 규모의 교류회를 만든 M씨도 있다. 입사 20년을 분기점으로 동기회를 주최했는데 회사의 규모가 크다 보니 동기의 인원수가 약 750명이나 되었다. 그래서 도쿄의 한 대형 호텔 연회장을 빌려서 개최하게 되었다. 단순한 교류회가 아니라 입사 당시 사장님과 임원, 신세를 진 선배에게 비디오 메시지를 찍어오는 등 연출에도 공을 들였다.

결과는 대성공이었다. 옛정을 새롭게 쌓을 수 있었을 뿐만 아니라, 동기라고 해도 서로 얼굴도 모르는 사람이 많아서 새로운 만남이 수없이 생겨났다. 또 모임을 기획할 때 옛 선배 등 관계자와 연락을 취하면서 인맥 관리에도 도움이 되었다.

이 모임은 그 후에도 정기적으로 이루어졌고 인맥 관리에 도움을 주고 있다고 한다. 그리고 평판도 좋았던 덕에 매년 개최하게 되었다.

한때 친밀한 인간관계를 유지했던 사람과는 5년, 10년의 공백이 있더라도 재회했을 때 금방 당시의 관계성을 회복할 수 있다. 하지만 이 나이가 되고 보니 통감하게 되는 것이 있다. **언제나 만날 수 있다는 생각에 계속해서 만나지 않으면 결국 다시는 만날 수 없는 경우가 많다**는 것이다. 돌연 세상을 떠난 은인에게 감사의 마음을 표현하지 못해 계속 후회하는 사람도 있다.

그런 의미에서라도 40대가 되면 인맥을 잘 관리하기 바란다.

Point

뒤늦게 깨달은 정말 소중한 사람이 있다면 인맥을 관리한다는 생각으로 한시라도 빨리 연락을 취하자.

06 | 젊은 사람과의 인맥을 적극적으로 만든다

> 젊은 사람과 허물없이 잘 지내는 사람에게는 다양한 이점이 있다. 40대부터는 젊은 사람과의 인맥을 의식해야 한다.

☑ 관리도 인맥도 위보다 아래가 중요하다

제2장에서 40대부터는 상사의 환심을 사기보다는 부하에게 인정을 받는 데 신경을 쓰라고 했다.

내가 지금까지 방문한 수천 개의 회사와 대화를 나눈 1만 명의 직장인의 이야기를 종합해보면, 40대의 승진과 출세의 열쇠를 쥐고 있는 사람은 상사나 경영진이 아니라 부하나 후배처럼 젊은 사람이라는 결론에 이르렀기 때문이다.

당신의 업무 성과를 높여주는 사람은 상사가 아니라 부하다. 게다가 앞으로 10년 후에는 회사에 없을 경영진이나 상사와 달리 부하는 내가 회사를 그만둘 때까지 계속 관계가 이어질 가능성이 높다. 이 부분만 생각해도 어느 쪽에 중점을 두어야 할지 명확해진다.

한편 그런 부분을 이해하지 못하고 상사에게 아첨을 떨면서 부하를 전혀 이해하려고 하지 않아서 지위를 잃는 사람을 수없이 봤다. **자신의 생사의 열쇠를 쥔 사람은 오히려 부하 쪽이다.**

그리고 이는 인맥의 세계에서도 그렇다. 젊은 사람과의 인맥을 적극적으로 만들고 소중하게 여기기를 바란다.

앞으로 당신의 인생에서 관계가 오래 지속될 사람은 젊은 사람이다. 그런 인맥을 통해 정년 후에 자리가 생기거나 고문으로 고용되는 길도 열린다.

하지만 그런 실리적인 부분이 아니더라도, **나보다 어린 많은 사람과 인맥을 쌓고 나이 차가 나는 사람과도 허물없이 지낼 수 있는 사람이 인생을 훨씬 더 즐겁게 보낼 수 있다.**

젊은 사람과 허물없이 지낼 수 있다는 것은 그 사람의 넓은 인간성을 증명한다는 뜻이기도 하다. 하지만 젊은이들의 언행을 헐뜯거나 항상 그들보다 자신이 위에 있다는 듯이 대하는 사

람은 오히려 마음이 좁은 사람으로 인식될 우려가 있으니 주의
해야 한다.

☑ 젊은 사람에게도 배우는 자세를 갖는다

그뿐만이 아니다. 젊은 사람과 쌓은 인맥 덕분에 업무적으로 큰
도움을 받은 사례도 있다.

영업 분야에서는 최근 디지털 도구가 눈에 띄게 발전하여 그
것을 이용할 수 있는지, 없는지에 따라 큰 격차가 생기고 있다.
한 회사에서 영업 관리직을 맡고 있는 F씨는 인망은 두터웠지
만, 자신이 디지털을 활용하는 데 서투르며 해당 분야에서 뒤처
져 있음을 깨달았다.

하지만 F씨는 부서에 상관없이 젊은 사원과 적극적으로 교류
하는 편이었고, 그 덕에 소위 디지털 네이티브라 불릴 정도로
이 분야에 강한 젊은 사원에게 가르침을 받을 수 있었다.

그때 SFA(영업 지원 시스템)의 가치를 깨닫고 그것을 도입하는
데 힘쓰기로 했다.

F씨는 SFA를 도입하기 위해 사장에게 보고하는 프레젠테이션
을 이 젊은 사원에게 시켰다. 시스템을 제대로 이해하고 있는 사
람이 이야기를 끌고 나가야 제대로 전달될 것이라고 판단했기
때문이다.

그 결과 SFA를 도입하는 데 성공했고 이는 실적 상승으로 이어졌다. 그리고 F씨 자신도 젊은 사원을 잘 활용할 줄 아는 사람으로 높은 평가를 받게 되었다.

부하 중에는 특정 분야에서 자신보다 능력이 뛰어난 사람이 있을 수 있다. 그런 '부하에게 가르침을 받겠다'는 자세를 취한다면 세상은 훨씬 더 넓어질 것이다.

젊은 사람에게 가르침을 받는 것에 거부감이 드는 사람은 사적으로 무언가를 배우는 취미 생활을 해보자. 특히 운동 분야에서는 가르쳐주는 사람이 대부분 젊은 사람이다. 젊은 사람에게 다양하게 배우다 보면 거부감이 어느새 사라질 것이다.

Point

40대에 젊은 사람과 인맥을 쌓으면 나중에 분명 도움이 될 것이다.

07 | 자신만의 가게를 알아둔다

> 인맥을 만드는 데 회식만큼 좋은 방법도 없다. 그럴 때 좋은 가게를 알고
> 있는 사람은 멋있어 보일 수밖에 없다.

☑ 용도별로 적합한 가게를 알아둔다

코로나의 영향으로 접대나 교류의 기회는 확연히 줄었지만, 인
간관계를 쌓는 데는 역시 직접 만나는 것만큼 좋은 방법이 없
으므로 회식이나 연회 장소로 적합한 곳을 알아두면 앞으로 인
맥을 쌓는 데 큰 무기가 될 것이다.

그래서 중요한 점이 바로 가게 선택이다. **성공하는 40대가 되려면
마음에 드는 가게를 여러 곳 알아두어야 한다.** 게다가 임원을 접대하

기 좋은 가게, 마음 편하게 젊은 사원들과 떠들기 좋은 가게, 상대에게 강한 인상을 줄 수 있는 가게 등 회식의 목적과 참가자, 예산별로 적합한 가게를 알고 있어야 한다.

가게 선택에는 왕도가 없다. 처음에는 인터넷 등으로 검색해서 찾아도 되지만, 직접 수차례 방문하여 분위기나 메뉴를 확인하는 것이 좋다.

접대 기회가 많은 상사나 선배에게 물어보는 방법도 추천한다. 같은 회사에서 감각이 비슷한 사람이 선택한 가게는 자신에게도 잘 맞을 가능성이 높기 때문이다. 맛집을 잘 아는 친구나 지인에게 정보를 얻는 것도 좋다.

한 선배는 내게 **일인당 몇십 만원이나 할 정도로 초일류의 고급 가게를 한 번쯤 경험**해보는 것이 좋다며 추천하기도 했다. 금액이 너무 비싸서 엄두가 나지 않을 때는 점심시간에 가보는 것도 한 가지 방법이다. 몇만 원의 투자로 일류를 접하는 경험을 쌓을 수 있다면 결코 낭비라고 볼 수 없다.

☑ 인맥의 달인들은 자신만의 가게를 어떻게 활용할까?

중요한 부분은 이제부터다. 좋은 가게를 아는 것에 그치지 말고 자신만의 가게라고 불릴 만한 곳을 꼭 만들어두기 바란다.

예를 들어 제철 회사에 근무하는 N씨는 전국에 자신만의 가게를 찾아두었다. N씨는 전국 각지에 있는 제철소로 출장을 갈 때가 많은데, 그중에도 자주 가는 지역에는 **출장 갈 때 매일 들르는 자신만의 가게를 만들어둔다.**

그 이유 중 하나는 출장 갈 때마다 먹을 곳을 찾지 않아도 되기 때문이다. 또 몇 번씩 가다 보면 가게 주인이나 단골손님과 친해져서 마음이 편안해질 뿐만 아니라 현지 정보를 얻는 데도 도움이 된다.

게다가 자신만의 가게가 생기면 출장 지역의 사원을 술자리에 부르기 쉬워진다는 장점도 있다. 현장 사원은 아무래도 출장으로 온 사원에게 거리감을 느낄 수밖에 없는데, 이렇게 인간관계를 쌓아두면 직장에서는 이야기할 수 없었던 민감한 화제도 이야기할 수 있게 된다.

또한 **자신만의 가게이기 때문에 다양한 요청이 가능하다.**

나는 모 기업의 총무부에 있는 O씨가 주최하는 모임에 참석했다가 놀란 적이 있다.

당시 모임 장소가 주택가에 있는 메밀국수 가게였는데, 메뉴에 안줏거리가 거의 없었기 때문이다. 또한 가게도 통째로 빌리지 않아 다른 손님도 와서 아무렇지 않게 메밀국수를 먹고 있었다.

하지만 시간이 흐르자 O씨가 왜 이 가게를 선택했는지 알 수 있었다. 요리 대부분이 다른 곳에서 볼 수 없는 것이었고, 메뉴에 없는 맛있는 안주가 끊임없이 나왔다. 다른 손님이 돌아간 후에는 가게를 독차지하게 되어 영업시간을 훌쩍 넘긴 10시 즈음까지 모임이 이어졌다. 그뿐만 아니라 금액까지 저렴했다.

사실 이 가게는 O씨에게는 어떤 요청이든 할 수 있는 자신만의 가게였다. 저렴한 가격으로 시간에 구애받지 않고 모임을 하고 싶어서 이 가게를 선택했던 것이다.

술은 잔 없이 종이팩째로 나왔지만, 이것도 저렴한 금액으로 즐길 수 있도록 한 배려였다고 한다.

수많은 모임을 진두지휘한 O씨이기 때문에 그 가게를 선택할 수 있었다고 감탄한 기억이 있다.

특히 이 가게처럼 다양한 요청이 가능한 곳은 코로나의 영향으로 회식이나 접대의 기회가 한정된 요즘 상황에 중요성이 점점 더 커지고 있다.

Point

자신만의 가게를 만들어두면 인맥을 쌓는 데 큰 무기가 될 것이다.

MBA 유학, 그리고 좌절 끝에 얻은 연봉 10억 원

나는 현재 전문 경영자로 활약 중인 G씨를 미국 선더버드 국제경영대학원에서 MBA 유학을 할 때 알게 되었다.

　MBA에는 많은 사람이 꿈을 그리며 입학한다. G씨도 그중 하나로 MBA를 취득하면 고액 연봉을 받을 수 있다는 일념으로 외국계 기업을 그만두고 30대에 미국으로 건너왔다.

　나보다 한 학년 위였지만, 그가 부회장을 맡고 있던 재팬 클럽의 직책을 내가 인계받으며 관계가 깊어졌고 둘 다 자비로 유학을 한다는 공통점도 있어 친밀감을 느꼈다.

　하지만 G씨는 MBA 취득 후 다시 취직하는 데 고전했다. 결국 예전에 다니던 회사보다도 낮은 연봉으로 한 컨설팅 회사에 취직할 수밖에 없었다. 높은 연봉을 받기 위해 MBA 유학을 결심했던 G씨로서는 생각지도 못한 전개였다.

　그런데 그 회사에서 유망한 한 IT 기업을 담당하여 일본 법인 설립의 실무를 지원하게 되면서 G씨의 경력이 빛을 발하기 시작했다.

　그 IT 기업은 이후 급성장했고 G씨도 그곳에 스카우트되어 입사하게 되었다.

처음에는 일본 법인에서 4인자의 위치였지만, 도중에 사장이 교체되면서 마침내 G씨에게 일본 법인의 최고 자리가 찾아왔다. 40대 초반의 일이었다.

　나는 G씨의 고생을 직접 봐왔기 때문에 사장 취임 보도를 듣고 나도 모르게 눈물이 날 정도였다.

　G씨는 그 기업에서 퇴사한 후에는 전문 경영자로서 한 대기업의 최고 자리를 맡게 되었고, 그러면서 연봉 10억 원 이상의 고액 소득자로 이름을 올리게 되었다.

　G씨의 인생을 보면 더 많은 수입을 얻으려고 노력하는 자세는 매우 훌륭한 일이라는 생각이 든다.

제 **7** 장

40대의
공부법

01 | 코로나 이후 시대에 필요한 능력은 무엇인가?

지지부진했던 업무 방식의 개혁이 코로나의 영향으로 급격히 진행되었다. 이런 상황에서 우리가 익혀두어야 할 기술은 무엇일까?

☑ 코로나 이후 시대에 필요한 능력에 대해 묻다

2020년, 신종 코로나바이러스의 영향으로 업무 방식에 큰 변화가 찾아왔다.

많은 직장인은 온라인상에서 회의나 사업 협상 등의 일을 문제없이 처리할 수 있다는 것을 깨달았다. 회의 자체를 하지 않더라도 문제없이 업무가 진행된다는 것을 깨달은 회사도 있을 것이다. 통근할 필요가 없어졌을 뿐만 아니라 감염자가 다수 발생하는 와중에 굳이 회사로 출근해서 아침부터 밤까지 있는 사람은 '분위기 파악도 못하는 사람'으로 비웃음의 대상이 되고 있다.

코로나의 영향이 수습되더라도 이 흐름은 변하지 않을 것이다. 재택근무를 계속하는 기업도 나올 것이며, 영업 분야에서는 먼 거리에 있는 지역이나 해외 거래처와 온라인으로 사업 협상을 하는 일이 일반화될 것이다.

사람들과 교류하는 방식도 크게 달라질 수 있다. 직접 대면의 중요성이 사라지지는 않겠지만, 그 밖의 교류 형태가 필요해질 것이다.

참고로 나도 이번 계기를 통해 많은 사람과 온라인 회식을 해 봤는데, 오프라인 회식보다 한 사람 한 사람의 이야기를 제대로 들을 수 있다는 장점이 있음을 깨달았다.

이렇다 보니 앞으로는 직장인에게 필요한 능력도 크게 달라질 수 있다. 이런 생각을 바탕으로 많은 경영자나 상급 관리직과 의견을 나누어 보았다.

그 결과를 통해 예측한 **코로나 이후 시대의 40대에게 필요한 능력**을 소개하려고 한다.

☑ 달라진 의사소통 방식에 대응하는 능력을 갖춘다

가장 많은 사람이 언급한 능력은 의사소통 능력과 개념화 능력이다.

문제를 해결하거나 기획을 할 때 개념화 능력이 필요하다는 점은 예나 지금이나 마찬가지다. 오히려 주목해야 할 점은 의사소통 능력이다.

재택근무로 인해 사람과 사람이 얼굴을 마주할 기회가 확연히 줄어들었다. 하지만 일은 혼자서 처리할 수 없다. 그러므로 단시간에 정확하게 내용을 전달하거나, 의사소통을 통해 화면 너머의 사람을 움직일 수 있는 능력이 필요하다.

다시 말해 매일 얼굴을 마주봄으로써 의사소통을 하고 있다고 생각한 상사에게 사실 자신의 말이나 생각이 전혀 전해지지 않았을 수 있다는 뜻이다.

온라인이 당연해진 시대에는 지금까지의 의사소통 능력의 차이가 몇 배나 증폭할 위험이 있다.

그렇다면 온라인 시대의 의사소통은 어떻게 바뀌고 어떤 능력이 필요할까? 내가 온라인 연수에서 설명한 몇 가지 예를 소개해보고자 한다.

문제: 반응을 파악하기 어렵다 ➡ 대책: 이름을 부른다

화면을 통해 의사소통을 하다 보면 상대의 반응을 파악하기 쉽지 않은데, 이런 문제를 방치하면 상대가 이해하지 못하거나 이야기를 전혀 듣지 않는 일이 빈번히 발생할 수 있다.

이를 방지하려면 상대의 이름을 정기적으로 불러야 한다. 나는 이를 MC 어법이라고 부르는데, 텔레비전 와이드쇼의 MC처럼 "○○ 씨, 이에 대해 어떻게 생각하십니까?"라며 이름을 부른 후에 이야기하는 것이다. "○○ 부장님, 이 사양에 문제는 없을까요?", "○○ 씨, 이 아이디어에 하나를 더 추가하면 어떨까?"와 같이 말이다.

이 방법을 사용하면 누가 의견을 구하고 있는지 명확해지며, 설령 이름이 불리지 않은 사람이라도 '언제 자신에게 질문할지 모른다'는 긴장감을 유지할 수 있다.

문제: 툴 문제가 쉽게 발생한다 ➡ 대책: 사전 처리를 통해 대응한다

원격 회의는 편리하지만, 통신 환경이나 조작 실수 등으로 생각지도 못한 문제가 쉽게 발생한다. 그래서 사전에 어떤 문제가 발생하더라도 처리할 수 있도록 만반의 준비를 해야 한다.

예를 들면 화면상에 자료를 공유하다가 갑자기 작동되지 않는 경우를 대비해 자료를 미리 보내두는 것이다. 또 미리 자료를 출력하여 카메라 가까이에 준비해두면 화면상에 문제가 생겼을 때 카메라로 비추어서 보여줄 수 있으므로 안심할 수 있을 것이다.

나는 이런 준비를 사후 처리에서 따와서 사전 처리라고 부르고 있다.

문제: 말할 타이밍을 잡기 어렵다 ➡ 대책: 차례를 의식한다

이 문제는 아예 '온라인 대화란 그런 것이다'라고 생각하면 가장 좋겠지만, 한 가지 대책을 제시하자면 차례 기다리기 화법을 들 수 있다.

무선기를 사용할 때 말끝에 '…오버'라고 말한다. 이는 '내 이야기는 끝났으니 할 이야기가 있으면 하라'는 일종의 신호다.

실제로 말을 끝낼 때마다 '오버'라고 하면 아무래도 부자연스러울 수 있다. 하지만 자신의 이야기를 끝낸 후에 '오버'라고 말하는 정도의 간격을 두면 재미있게도 상대는 '내 차례'가 돌아왔음을 인식할 수 있다. 그러니 꼭 시도해보기 바란다.

어떠한가? 이런 방법은 기존의 의사소통 능력에서는 들어본 적이 없을 것이다. 그만큼 중요한 능력이므로 습득해야 한다.

그 밖에도 많은 사람이 코로나 이후 시대에 필요한 능력으로 현 상황 분석 능력, 문제 해결 능력, PDCA(목표를 달성하기 위해 계획(Plan), 실행(Do), 평가(Check), 개선(Action)의 4단계를 반복 실행하는 방법-옮긴이), 리더십, 동기부여 등을 꼽고 있다.

20대에는 회사가 연수 등의 방법을 통해 사원들을 교육해주지만, 30대가 되면 그 기회도 줄고, 40대 이후에는 스스로 배워야만 한다. 따라서 40대에 무엇을 배우느냐가 매우 중요하다.

Point

코로나 이후 시대에도 의사소통의 중요성은 바뀌지 않는다. 하지만 방식에는 큰 차이가 있다.

02 | 스스로 생각하고
글을 쓰는 능력을 갖춘다

20~30대에는 현장을 종횡무진한다. 물론 현장이 중요하다는 점에는 변함이 없지만, 과연 40대가 되어서도 현장만 고집해도 괜찮을까?

✓ 성공하는 사람은 작문 속도가 빠르다

연수 등을 진행하면서 성공하는 사람과 그렇지 못한 사람의 차이가 확연히 느껴지는 순간이 있다. 그것은 바로 작문 속도다.

예를 들면 워크숍을 진행할 때 계획표를 작성하라고 하는 경우가 있는데 그때 작문 속도가 빠른 사람과 느린 사람이 확연히 구분된다. 그리고 작문 속도가 빠른 사람일수록 워크숍의 완성도 자체도 좋다.

그 밖에도 기획서나 보고서 등의 서류 작성은 물론이고 **이메일 답변 하나를 하더라도 빠른 사람과 느린 사람은 천지 차이를 보이는데 그 차이가 업무 완성도에도 직결된다**는 생각이 든다.

내 주변에는 책을 쓰거나 블로그 등을 통해 정보를 제공하는 사람도 많은데, 특히 성공하는 사람일수록 빠른 글쓰기 속도가 인상적이다.

그렇다고 해서 40대가 되면 글 쓰는 능력을 키우라는 이야기가 아니다. **글을 쓰는 속도는 스스로 생각하는 능력과 거의 비례하기 때문이다.** 따라서 글 쓰는 능력보다는 스스로 생각하는 능력을 키워야 한다.

☑ 경영자의 방침을 그대로 수용해서는 안 된다

나는 기업의 경영자가 간부 후보를 선별하는 자리에 많이 참석했는데, 그때마다 경영자가 반드시 언급하는 말이 있다. 바로 '스스로 생각할 수 있는가'다.

예를 들면 리더가 자신의 부서의 계획을 세울 때 그에 앞서 경영진의 방침이 내려온다. 물론 그 방침은 중시해야 하지만, 실제로는 위에서 내려온 방침을 스스로 해석하여 현실에 들어맞는지, 실효성이 있는지 등을 정밀 조사하여 자신의 부서의 방침을 정해야 하며, 위에서도 그러기를 기대하고 있을 것이다.

그런데도 자신의 부서의 방침에 대해 위에서 내려온 방침을 그대로 적용하는 사례가 매우 많다.

시키는 대로 일을 처리했을 때 좋은 평가를 받는 것은 30대까지다. 40대가 되면 스스로 생각해야만 한다.

☑ 현장 경험만으로는 의미가 없다

스스로 생각하는 능력을 높일 수 있는 왕도가 있다. 그것은 바로 '필드 스터디×분석' 방법이다.

'필드 스터디'란 현장을 실제로 방문하여 관찰하고 현장을 통해 배우는 일을 말한다. 즉, 현장에서 일어난 일을 면밀히 관찰하고 스스로 생각하고 분석하여 최선책을 제안하는 것이다. 형사 세계에서 사용하는 '현장 100번(사건 현장에 중요한 실마리가 많으니 100번은 찾아가서 신중히 조사해야 한다는 뜻-옮긴이)'이라는 말의 뜻처럼, 모든 답은 현장에 있다. 하지만 그 **말은 관찰과 생각하는 것에 지나지 않는다.**

우수한 경영자가 현장을 찾는 일은 당연하지만, 진정으로 우수한 인재라면 수치 분석을 주업무로 하는 경제학자라도 매일 현장을 돌며 분위기 파악하는 것을 중시한다.

논리적 사고와 관련된 책을 읽는 것도 중요하지만, 나는 이런 실천을 반복하는 것이 더 중요하다고 생각한다. 다만 이런 사고와 관련된 능력 중에서 **어느 한 가지 형식이라도 익혀야 큰 효과가 있다.**

예를 들면 PEST 분석이라는 형식이 있다. Politics(정치), Economy(경제), Society(사회), Technology(기술)의 앞 글자만 따온 단어로, 예를 들어 코로나 이후의 변화를 생각하는 데 있어 정치는 어떻게 움직이는지, 경제는 어떻게 움직이는지, 코로나 이후 사회는 어떻게 변화하는지, 필요한 기술은 무엇인지 등 4가지 방식을 통해 분석하는 것이다.

그렇게 하면 막연하게 '코로나 이후에는 어떻게 될지'를 생각할 때보다 실마리를 쉽게 찾을 수 있어 생각도 하기 쉬워진다.

그 밖에도 STP 분석, SWOT 분석 등 다양하게 있으니 조사해보기를 추천한다.

Point

40대의 능력은 글쓰기에서 나타난다. 현장에 가서 스스로 생각하여 그 능력을 익혀보자.

03 | 돈이 되는 공부를 한다

> 40대 이후에 자격증을 취득하는 것이 유행하고 있다. 자격증이 도움이 된다는 믿음 때문인데, 실제로도 과연 그럴까?

☑ 40대 이후에 자격증을 취득하는 것은 옳은 일일까?

비즈니스 월간지 『THE 21』이 50대 이상을 대상으로 진행한 조사에 따르면, '40대에 해두면 좋았을 일' 중 1위는 자격증을 취득하는 것이었다고 한다.

실제로 최근 몇 년간 자격증을 취득하는 것이 유행하고 있으며, 코로나의 영향으로 외출이 제한되는 일도 한몫한 탓인지 그 흐름은 점차 가속되고 있다.

다만 40대에 자격증을 취득하는 것에 대해 긍정파와 부정파가 나뉘어 각각 상반된 주장을 펼치고 있다.

긍정파는 자격증을 이용할 수 있는 업계의 사람이나 그런 자격증을 갖고 있는 사람이 많다.

예를 들어 IT 업계나 건설 및 설비 업계에서는 자격증이 매우 중요하여 어떤 자격증을 갖고 있는지에 따라 업무가 달라지며 이직할 때 큰 무기가 될 수 있다. IT 업계에는 **CISA(공인정보시스템감사인), 시스템감사기술자, IT전략가** 등이 있고, 건설 업계에는 **1급 건축시공관리기사, 1급 토목시공관리기사** 등이 있는데, 이런 자격증은 40대 이후에라도 취득할 가치가 충분하다.

또 금융 업계에서도 갖고 있으면 좋을 자격증이 많다.

한편 부정파는 공부해서 자격증을 취득하더라도 본업에 도움이 되지 않는다면 의미가 없다는 의견이 많다. 예를 들어 노력을 기울여 중소기업진단사, 사회보험노무사, 행정서사 등의 자격을 따더라도 그 자격증만으로 회사에서 독립해서 나올 수 없다. 부모가 해당 업계에 있어서 대를 이어야 하는 경우이거나 아직 젊어서 고객을 개척할 시간이 있다면 모르겠지만, 그렇지 않은 40대에게는 의미가 없다는 것이다.

40대에 취득하면 도움이 될 자격증의 예

• MBA(일본 국내 포함)	• 세무사
• CISA(공인정보시스템감사인)	• USCPA(미국 공인 회계사)
• 시스템감사기술자	• 토익
• IT전략가	• 1급 건축시공관리기사
• PMP(Project Management Professional)	• 1급 토목시공관리기사
• 정보처리안전확보지원사(사이버 보안 관련)	• 대형 자동차 면허
• 변리사	• 택지건물거래사
• 법무사	• IT코디네이터(지방의 경우)

또는 토익 900점대를 따더라도 영어로 실제 사업 협상을 진행해본 적이 없는 사람은 좋은 평가를 받을 수 없다. 앞으로 취직할 사람이라면 모르겠지만, 적어도 40대의 이직에는 그다지 도움이 되지 않는다는 것이다. 승진 조건에 '토익 750점 이상'이라는 기준이 있는 회사가 아닌 이상 토익 점수를 고집할 필요가 없다.

⊘ 자격증과 기술을 더하면 돈을 벌 기회가 배로 늘어난다

모두 일리가 있지만, 나는 40대 이후에 자격증을 취득하는 문제에 대해서는 '그 자격증이 돈으로 환원되는가'라는 시점으로 판단해야

한다고 생각한다.

그 자격증이 돈이나 수입의 증가로 이어질 가능성이 크다면 공부해야겠지만, 그렇지 않다면 그 시간을 다른 공부에 쏟아야 한다.

하지만 취득하는 것만으로 돈이 되는 자격증은 그리 많지 않다. 이때 중요한 점은 **'기술+자격증으로 어떻게 돈을 벌 수 있을지'**를 생각해야 한다는 점이다.

예를 들어 중소기업진단사, 사회보험노무사, IT코디네이터 등의 자격증은 인기가 있지만, 실제로 이것들을 취득한다고 해서 금방 수입으로 이어지지는 않는다. 자격증을 갖고 있는 사람이 너무 많아 취득만 했다고 해서 고객이 생긴다고 볼 수 없기 때문이다.

하지만 당신에게 신규 개척 영업 능력이나 인맥이 있다면 어떨까? 신규 개척 영업 능력이 있는 중소기업진단사나 사회보험노무사는 그리 많지 않으므로 충분히 강점이 될 수 있을 것이다. 또 특정 분야에 강한 인맥을 갖추고 있다면 그 분야 전문 컨설턴트로서 독립할 수도 있다.

반대로도 생각해볼 수 있다. 즉, 중소기업진단사 자격증이 있는데도 활용하지 못하고 있다면 '어떤 기술을 익혀야 자격증을 돈으로 환원할 수 있을지' 생각해보는 것이다. 가령 웹마케팅 기술을 익히면 웹을 통해 고객을 유치하여 동종 업계에 있는 다른 회사도 앞질러 갈 수 있다.

즉 '자신이 가지고 있는 기술에 어떤 자격증을 더하면 돈이 되는지' 또는 '자신이 가지고 있는 자격증에 어떤 기술을 더하면 돈이 되는지'를 생각해보자.

☑ 가정 교사의 수요가 늘고 있다?

자격증을 취득하려고 할 때 처음부터 독립이나 창업을 고려한다면 힘들 수 있으니, 우선 부업으로 돈을 벌 수 있을지를 생각해보면 좋다.

토익 900점대만으로는 돈을 벌 수 없지만, 본업으로 공작기계의 엔지니어링을 하고 있다면 공장 기계 관련 번역 업무로 돈을 벌 수 있을 것이다. 실제로 전문 분야에 대한 영어 번역의 수요는 많으니 인터넷에서 한 번 찾아보면 좋을 것이다.

한편 교육 관련 경험이 있다면 영어 가정 교사 등의 길도 걸을 수 있다.

실제로 전문 가정 교사는 앞으로 수요가 점점 더 늘어날 것으로 전망된다. 자녀 공부에 힘을 쏟는 부유층은 돈을 아끼지 않으므로 최소 시급 5만 원 이상의 수입이 예상된다.

또 전문 가정 교사로 불릴 만한 사람은 의외로 많지 않으며 수요가 많다는 특징도 있다. 나는 지인인 편집자에게 소규모 논문 전문 가정 교사가 되기를 권하기도 했다.

결국 그 자격증으로 돈을 벌 수 있을지의 여부는 수요와 공급에 달렸다. 그 점을 잘 유념하여 지금 무엇을 배워야 할지 생각해보면 어떨까?

Point

40대부터 어떤 공부를 시작하려고 할 때는 그 공부가 돈이 될 수 있는지를 항상 생각하자.

04 | 한 분야의 책 읽기로 단시간에 효율적으로 지식을 쌓는다

공부하고 싶긴 하지만, 시간을 내기 힘든 사람들을 위해 단시간에 효율적으로 학습할 수 있는 '한 분야의 책 읽기'라는 독서법을 소개하고자 한다.

☑ 한 분야의 책을 10권만 읽으면 전문가가 될 수 있다?

업무든 사생활이든 바쁜 40대에게는 공부를 하기 위한 시간을 내는 일이 좀처럼 쉽지 않다. 그래도 성공하는 40대는 어떻게 해서든 시간을 확보하여 독서 등에 시간을 쏟는다.

하지만 한정적인 시간 때문에 효율적으로 공부하기가 쉽지 않다. 그래서 추천하고 싶은 방법은 '**한 분야만 읽기**'다.

저명한 저널리스트로 알려진 노무라 스스무 씨는 저서 『알아내는 기술과 읽는 기술』에서 "자신이 관심 있는 분야에서 뛰어난 사람이 되고 싶다면 한 달에 2~3권이라도 좋으니 관련 서적을 읽어야 한다. 그렇게 3년간 지속하면 해당 분야의 권위자가 될 수 있다"는 비소설 작가 혼다 야스하루 씨의 말을 소개했는데, 그 말이 맞다고 생각한다.

인터넷 정보보다 깊이가 있으며, 여러 번 퇴고를 반복한 책의 정보 밀도가 압도적으로 높다. 인터넷 정보를 찾는 데 시간을 쏟기보다는 그럴 시간에 책 한 권을 읽는 편이 더 효율적이다.

업무 관련 공부를 할 때는 솔직히 3년이나 시간을 들이지 않더라도 **한 분야의 책을 10권 정도만 읽으면 충분히 능통해질 수 있을 것이다**. 그 정도의 양을 읽으면 해당 주제에 관한 핵심이 보이기 시작한다. 실제로는 2~3권으로 대략적인 개요를 파악할 수 있고 7~8권을 읽으면 지식으로 응용할 수 있다.

예를 들어 영업 부서의 리더로서 MA(Marketing Automation)에 대해 알아보려 한다고 가정해보자. 우선은 해당 분야의 대표격이라 불리는 책을 구매한다. 많은 서점에 비치되어 있거나 판권에 표기된 인쇄 수가 많은 책, 또는 온라인 서점의 인기 순위 등을 참고해도 좋다.

다만 이런 책은 대체로 한 분야에 3~4권 정도밖에 없다. 10권을 읽으려면 상당히 전문적인 책까지 찾아봐야 한다. 이런 책을 읽다 보면 그 안에서 조금 더 주목해야 할 양서나 독특한 방식의 책을 찾을 수 있다. 따라서 입문서만 읽었을 때는 얻을 수 없었던 지식을 손에 넣을 수 있다. 그것이 책 10권을 읽어야 하는 이유다.

10권이나 읽기는 힘들 수도 있지만, 어느 분야에 관한 지식을 쌓으면 쌓을수록 독서 속도가 빨라진다. 즉, **1권째를 읽을 때보다 10권째를 읽을 때 속도가 눈에 띄게 빨라진다.**

✅ 현재의 책과 과거의 책을 함께 읽는다

반면 영업이나 관리라는 보편적인 주제의 책은 너무 많아서 오히려 선택하기 힘들 수 있다. 법인 영업, 프로젝트 관리 등으로 주제의 범위를 좁힐 수도 있지만, 내가 추천하고 싶은 방법은 **현재 잘 팔리는 책과 과거에 유명했던 책을 함께 읽는 방법이다. 현재 시대에 중요한 점과 보편적으로 중요한 점을 모두 볼 수 있기 때문이다.**

보편적인 한 권의 유명 도서를 반복해서 읽는 것을 추천하는 사람도 있다. 경영 컨설턴트 R씨는 필립 코틀러의 『마케팅 관리론』을 몇십 번씩 읽었고 결국 마케팅 강의까지 할 수 있게 되었다. R씨는 '그 책의 내용으로 60분 동안 강의하겠다'는 생각으로 읽기를 권하고 있다(물론 실제로 가르쳐보는 것도 좋은 방법이다).

앞서 인터넷 정보는 책보다 신뢰성이 떨어진다고 했지만, 시의적절한 정보를 얻어야 할 때는 인터넷이 필수다. 예를 들어 이번 코로나 상황 속에서 회사가 갑자기 온라인으로 사업 협상을 진행하거나 회의를 도입해야 했을 때는 인터넷 정보에 신세를 진 사람이 많을 것이다.

다만 이럴 때는 한 사이트만 참고하지 말고 여러 사이트를 비교하며 읽어야 한다. 가능하면 한 가지 주제당 10~20개의 사이트를 읽어보기를 권한다. 인터넷 정보는 신빙성이 떨어지거나 다른 정보를 복사하기만 한 사이트도 많으니 상당량의 정보를 읽어볼 필요가 있다.

Point

단시간에 효율적으로 지식을 얻고 싶다면 한 분야를 깊게 파고들자.

05 | 공부에 대한 후회를 없앤다

평생 학습이라는 말을 자주 들었을 것이다. 하지만 학교를 졸업한 후에는 공부하는 습관에서 멀어지게 된다. 그렇다면 지금 당장 무엇을 해야 할까?

☑ 나이가 들수록 공부 체력이 떨어진다

공부는 꾸준함이 생명이다. 따라서 강력한 동기부여를 끊임없이 유지해줘야만 한다. 하지만 50~60대가 된 이들이 입을 모아 하는 이야기는 이 연령대가 되면 체력뿐만 아니라 기력도 떨어져서 공부하고자 하는 마음이 떨어진다고 한다. 그리고 '젊었을 때 공부할 걸 그랬다'며 후회한다고 한다.

40대는 그런 의미에서 공부할 수 있는 마지막 기회라고 할 수 있으며, 50~60대 정도는 아니더라도 동기부여를 유지하기 위한 연구도 필요하다.

따라서 추천하고 싶은 것이 '공부 복수전'이다.

당신에게도 젊은 시절에 공부하려고 마음먹었지만 실제로는 제대로 시작하지도 못했던 경험, 깔짝거리는 정도로 끝났던 경험, 시험에 실패한 후 그대로 포기한 경험들이 있을 것이다. 사람에 따라서 그 대상이 영어나 부기(簿記) 또는 악기나 스포츠 등 취미에 관한 일일 수 있다.

계속해보고 싶었지만, 하지 못했다면 **지금이 바로 복수할 수 있는 마지막 기회라는 마음으로 당신에게 새롭게 동기를 부여해보자.**

☑ 공부 복수전으로 자격증을 취득한 S씨

S씨의 복수 대상은 시스템감사기술자 자격증 시험이었다. 계속해서 대기업 IT벤더로 시스템감사 경력을 쌓아온 S씨였지만, 이 자격증을 갖고 있지는 않았다. 30대 후반에 회사에서 이 자격증을 따기를 바랐지만, 보기 좋게 떨어지고 말았다. 설욕을 기대하며 다시 치른 시험 결과도 마찬가지로 불합격이었다.

하지만 실무 능력이 좋은 S씨였기에 자격증이 없어도 일은 끊임없이 들어왔고 고객으로부터 큰 신뢰를 받고 있었기 때문에 그 이후로는 다시 시험을 치지 않았다.

하지만 어쩐지 계속 석연치 않은 마음이 들었다. 또 자신보다 실무 능력이 훨씬 떨어지는 동료가 시험에 합격하여 자격증을 갖고 있다는 사실에 은근히 충격을 받기도 했다.

S씨는 목에 걸린 가시 같았던 불합격의 기억을 떨쳐버리기 위해 40대가 된 후에 다시 한 번 시험에 도전했다.

사실 S씨가 시험에 떨어진 이유 중 하나는 실무를 너무 잘 알고 있었기 때문이었다. 자신만의 방식을 확립했던 탓에 시험에서는 오히려 안 좋게 작용했던 셈이다. 그래서 이번에는 전문가 의식을 잠시 내려두고 겸허히 시험에 대비하면서 예전에 나왔던 문제를 반복해서 풀었다. 학습 계획도 면밀히 짜서 과거에 두 번 시험을 치렀을 때보다 시간을 들여 실전에 임했다.

결과는 합격이었다. S씨는 40대 중반에 복수를 이루었다.

자격증 취득은 S씨의 정신적인 면에 긍정적인 영향을 주었을 뿐만 아니라 기초를 확실하게 다시 다진 덕에 일에도 좋은 영향을 미쳤다고 한다.

⊘ 다시 책상에 앉는 습관을 들인다

현대 사회는 나이와 상관없이 누구에게나 공부를 요구하는 시대다. 평생 학습이라는 말도 흔한 표현이 되었다. 하지만 40대 중에는 책상에 앉아서 공부하는 것이 학생 때 이후 처음인 사람도 있다.

이 복수 형태의 학습은 다시 공부 습관을 들이는 데 있어서도 매우 적합하다. 예전부터 배우고 싶었던 분야이므로 동기부여를 유지할 수 있고, 만약 예전에 조금이라도 공부한 적이 있다면 그 지식은 반드시 어딘가에 남아 있어서 완전히 새로운 내용을 배울 때보다 학습 속도가 확실히 빠르다.

사람들이 가장 많이 떠올리는 복수 대상은 영어일 것이다. 내 주변에도 40대부터 영어를 다시 배우며 실력이 빠르게 느는 사람이 있다. 복수 대상이 악기나 스포츠 등 취미와 관련된 것이어도 상관없다.

뭔가를 습득하기 위해 일정 시간을 사용하는 습관을 40대에 들이는 것이 중요하다.

Point

'그걸 공부했으면 좋았을 텐데'라는 후회를 없애자.

06 | 교양을 익힌다

요즘 교양 갖추기가 유행이다. 그런데 교양이 중요하다는 사실은 알지만, 어디에 도움이 되는지 잘 모르겠다는 사람이 많다.

✓ 벼락치기로 익힌 교양은 금방 들통난다

'나이가 들수록 교양이 중요하다'는 말이 나도 젊은 시절에는 별로 와닿지 않았다. 교양의 중요성은 솔직히 40대가 되어서야 깨달을 수 있는 것 같다.

그 이유 중 하나는 40대가 되면 사내외 경영자나 상급 관리자와 회식이나 면담 할 기회가 많아지기 때문이다. 이런 자리는 보통 잡담으로 시작하므로 교양이나 인품이 평가되곤 한다.

국내외 역사나 위인에 관한 이야기, 회화나 음악 등 예술 이야기, 문학이나 영화 이야기 등 화제는 다양하다. 그때 벼락치기 수준의 지식으로는 금방 들통날 수 있다. 실제로 많은 경영자가 "상대가 교양 있는 사람인지는 이야기해보면 금방 알 수 있다"고 말했다.

상대에게 교양을 바라는 경향은 소위 예전 대기업 간부에게서 많이 나타나고는 한다. 시스템 회사에 근무하며 대형 은행을 담당했던 T씨는 상대의 지위가 높을수록 잡담이나 회식 자리에서 미술이나 음악, 연극 등의 이야기를 많이 한다는 말에 통감했다고 한다. 그 이후 그런 대화를 무리 없이 하기 위해 공부를 시작했고 결국 상대의 신뢰를 얻었다고 한다.

또 의외로 교양의 유무가 중요한 순간이 있다. 연설이나 인사를 하는 자리나 분기말이나 분기초에 정책을 발표하는 자리다. 사람들에게 이야기를 전할 때는 예시를 들거나 인용하는 방법이 효과적인데, 업무 이야기를 업무로만 예시를 드는 사람은 시야가 좁은 사람으로 인식되기 쉽다. 스포츠를 예시로 드는 것은 나쁘지는 않지만, 항상 같은 분야를 소재로 삼으면 깊이가 없는 사람으로 여겨질 수 있다.

때로는 문학이나 예술, 과학 등 다양한 분야의 지식을 소재로 구사할 수 있는 사람이 분명 상대에게 강한 인상을 줄 수 있다.

☑ 일류를 경험하면 일류를 꿰뚫어 보는 눈을 가질 수 있다

최근에는 한 권의 책으로 교양을 익힐 수 있는 책이 쏟아져 나오고 있다. 첫 단계로 나쁘지는 않지만, 책만 읽어서는 진정한 교양은 익히지 못하고 잡학 정도로 끝날 수 있다.

내가 여러 선배에게 추천을 받은 방식은 우선 '일류를 직접 경험하라'는 것이다. 지식 체험이 아니라 직접적인 경험이 중요하다는 뜻이다. 유명한 회화를 미술관에서 직접 보거나, 일류 연주자의 콘서트에 가거나, 일류 요리사의 가게에서 식사를 해보았다. 나도 처음에는 그다지 관심이 없었지만, 일류를 직접 경험하며 확실히 '이것은 진짜다'라는 것을 깨달을 수 있었다. 피카소의 〈게르니카〉를 본 순간에 느낀 충격은 잊을 수가 없다.

하지만 그 중요성을 깨달은 순간은 이보다 훨씬 후였다. **일류를 직접 경험하며 자신 안에서 서서히 '진짜란 무엇인가'의 기준이 생겨나기 시작했다.** 그러자 어떤 분야에서든 '무엇이 일류인지'가 보이기 시작했다. '보편적으로 통용하는 가치란 무엇인지'가 서서히 보이는 듯했다.

흥미로운 사실은 비즈니스에도 이를 활용할 수 있다는 점이다. 나는 많은 직장인을 만나며 일류인 사람과 그렇지 않은 사람을 구분할 수 있게 되었다. 그리고 그렇게 길러낸 안목이야말로 최고의 교양이지 않을까 생각하게 되었다.

✅ 지식을 쌓는 것뿐만 아니라 몸으로 배운다

'일류를 직접 경험하라'고 해도 막상 무엇부터 시작해야 할지 모르는 사람이 많을 것이다. 우선 자신이 관심 있는 분야부터 시작해보자. 전혀 관심이 없는 분야에는 끊임없이 동기를 부여하기 힘들다.

책도 좋지만, 학습 효과를 더 높이고 싶다면 직접 체험하는 것이 좋다. 예를 들어 최근 미술관에는 직장인들이 쉽게 방문할 수 있도록 밤늦게까지 운영하는 날이 있고 그때 도슨트가 해설 투어를 진행해주는 곳도 있으니 적극적으로 활용해보자.

무엇보다 교양을 익히면 다양한 분야에 폭넓은 관심이 생겨 생활이 풍성해진다. 일과 인생을 모두 충실히 하는 것이야말로 교양인 셈이다.

Point

교양 쌓기에는 왕도가 없다. 우선 일류를 직접 경험하는 기회부터 늘려보자.

나의 현 상황 분석

※ 사용 방법은 23쪽을 참조

■ 평가 기준(5단계) 5: 매우 양호 4: 양호 3: 어디에도 속하지 않음 2: 문제 있음 1: 매우 문제 있음

항목	평가	코멘트
① 자사의 업계 평가		
② 자사 평가		
③ 자기 부서 평가		
④ 직속 상사 평가		
⑤ 자기 평가		